早稲田大学理工研叢書シリーズ
No.29

入江正之
IRIE Masayuki

カタルーニャ建築探訪
ガウディと同時代の建築家たち

早稲田大学出版部

Exploring the Architecture of *Catalonia*

Works by Architects in the Age of Antoni Gaudí

はじめに——本書を書くにあたって

　近代建築の黎明期を20世紀の最初の四半世紀と捉えるなら、そろそろ100年が経過しようとしている。バウハウスの運動や、コルビュジェの1923年出版の「建築をめざして」などの理論的な言説の展開に始まる近代建築の主流の流れは、20世紀末に差しかかってポスト・モダンやミニマリズムの表明などの展開とともに、近代建築の運動それ自体を改めて問い直すに至っている、と言える。アーツ＆クラフツ運動の第2世代のW. レサビーが「近代建築」も様式の1つにすぎないと看破していたことと、近代建築の理論的形成がヨーロッパ中央諸国の一部の建築家たちと歴史家S. ギーディオンによってつくられたCIAM（近代建築国際会議（1928年）。近代建築を志ざすコルビュジェ、ミース、グロピウスらの建築家たちが、都市や建築の展開について討論を重ねた国際会議。最初の議長はS. ギーディオンであった）による時代を切り開くための運動によるものであったことなども明らかになってきつつある。このことはオランダを代表する近、現代の建築家ファン・アイクのCIAM脱退に示されている。これらのことは近代建築の行き詰まりに深く関わっていよう。

　近代化ということと、近代建築運動の展開が同値に捉えられてしまったことが素因の1つではないのだろうか。19世紀から始まりの時期は差があるにしろ、産業革命後の機械による生産方式の変革や、需要内容の変化による多様な用途に伴う諸施設の出現と都市化、資本主義経済の顕在化など地域を選ばず社会の変革と人々の生活形態の変容が求められたと言える。

　この共通の時代的、社会的事象に即すれば、各々の地域に各々の近代建築の展開と、その在り様がそれぞれのアイデン

ティティをもってあらわれていることになる。近代建築の展開の解釈にあるように、アール・ヌーヴォー（新しい芸術）やウイーン・セセッション（ウイーン分離派）を近代建築の前兆にすえるのは過去の時代様式からの「新しさ」、「分離」ということが強調され、その後生産体制に着目した建築の制作という視点からのドイツ工作連盟、そしてバウハウスといった展開の近代建築の眩しい光のなかで、各々の場所の近代化過程における建築の在り様という視点が看過されてしまったように思う。

　近代の建築家たちも専門の職をもつ市井人であって、国に生まれ、気候と風土を背景にもち、民族の系譜に在り、各々の言語を用い、歴史的な経緯と文化的な恩恵を背負い、伝統的なものに対峙し、かつ継承する、そのようにして活動してきた。それゆえにこそ、近代化という背景を自覚的に捉えて、近代建築が各々の場所と時間に多様な表情をもって生れて来た事を見直さなければならない。

　もう1つの視点からも建築の近代化過程について見ることで、本書の意図が見えてくるだろう。20世紀の近代建築思潮の展開の中で、その思想を典型的に映した建築は住宅であり、例えばル・コルビュジェのサヴォア邸やミース・ファン・デル・ローエのファンスワース邸が事例となったことは周知のことである。また、近代建築がルネッサンスの理念に依拠していることも知られている事柄である。その継承した理念の1つは理想的な人間像の表出があるだろう。それゆえ普遍的な人間をモデルとして、その居住としての住宅が近代建築の典型として登場したのである。19世紀の歴史主義、あるいは折衷主義における建築の歴史諸様式に対する建築家を含む人々の、観念に固着した頑迷な意識を払拭させる効果的な表現は「モデル」という形式を取らざるを得なかったのだろう。ここ、そこに生きられている人間というより理念化された普遍的人間であり、そのための普遍的価値群に依拠したモデルとしての住宅である。

ヨーロッパ中央に発した「人間・住宅」モデルはその普遍性によって、世界へと、世界の隅々へと「インターナショナル・スタイル」となって敷衍する。そのコンセプトに寄与するものは価値があり、それに適応しないものは価値がないものとされた。CIAM を推進した建築史家ギーディオンの構成的事実と過渡的事実の区分けに見られるように、である。そして、普遍と個別、中央と周縁等の差別化と同時に、近代モデルの推進の下に、多くのものが切り捨てられ、多くの事柄が忘却されてきた。しかし、20 世紀の後半からデザイン思潮においては、歴史諸様式の形態操作によるポスト・モダンや白い幾何学的立体としてのミニマリズムなど近代建築の行き詰まりを越えようとする動向も 1 つの現れであるが、世紀の転換とともにもっと本質的な変化が建築という分野を越えて現れたといえる。それは例えば日本の社会にも見られる高齢者やハンディキャップを持つ方々への眼差しにあるような、ひと括りではない一人一人への対応という姿勢である。個別の人間、その個別の空間的存在が主役であり、重要なのである。個別の問題を解くことの中に、普遍へと通ずる解も見出されるのではないか。価値の転換ではなく、何が価値があって、何が価値がないかという視点を超えて、世界、中央と周縁でもなく、社会のさまざまな事象の中に、人々の幸福と豊かさに寄与することの出来る素因がある、という理解に比重が掛けられてきている。このことに大きく寄与している事象が情報化ということであり、情報化社会の中で、どのような地域の事柄も事の大小を問わず、そこで解かれた個別解はすぐさま世界へと発信される、という価値の平準化、あるいは同時性にある、といえよう。

　本書は近代建築を豊かに捉えるために、あらゆる地域の建築の近代化過程を切り開いていこうとする試みの 1 つであり、建築家アントニオ・ガウディが活躍し、建築家ドメネク・イ・モンタネル等が導いた〈カタルーニャ・ムダルニズマ（カタルー

ニャ近代主義運動)〉が展開したスペイン、カタルーニャ地域の近代の動きと才能豊かな建築家たちを紹介するものである。

　本書の主題はスペイン、それも1つの州であるカタルーニャの建築家たちと彼らが育ち、街づくりに関わったカタルーニャの街々である。時代は19世紀から20世紀の最初の四半世紀ごろまでのことである。地域的には周縁も周縁、また時代的には建築の流れにおいて歴史主義、折衷主義全盛の時代であり、20世紀的視点においては見落とされてきた主題であろう。取り上げるとすれば、建築家のガウディを近代建築に対立する特異点とする仕方であった。しかし、時代の変革期にあって、上述したように新しい見方をもってあらゆる事象に目を見開いていかなければならないのである。個別の場、個別の人間を読み解いていく、そこここに、世界へと開いていく解が発見されると思う。カタルーニャの首都バルセロナのような大都会から、教会を中心としてカタルーニャの伝統的石造民家マジアの家々が集落を形成する小さな町や村のスケールのなかで、それらと深く関わりながら活動した建築家たちの人と作品を取り上げたい。彼らの活躍も大きな力となって、人々の生活が生き生きとして繰り広げられる魅力的な街が形成されていったに違いない。これらの紹介のなかに、その地域や建築家たちのことを知るだけではなく、街づくりに対するヒントも隠されていよう。

　　2017年3月

　　　　　　　　　　　　　　　　　　　　入江　正之

目次

はじめに──本書を書くにあたって　iii

第1章　カタルーニャ・バルセロナの街へようこそ
街を歩く ── 001

第2章　タラゴナ ── 019
街々の建築を造形・装飾した異才の建築家
ジュゼップ・ジュジョール・イ・ジーベルト

1　ガウディとジュジョール　022
2　タラゴナでの最初の仕事　023
　　──《労働者協会劇場》(1908)
3　表面と装飾　026
　　──《ティエンダ・マニャックの店舗デザイン》(1911)
4　《カサ・ボファルール》(1914)と
　　《カサ・ネグレ》(1915)のファサディズム　028
5　空間の皮膜としてのフォルム　035
　　──《トーレ・デ・ラ・クルー(十字架の家)》(1913)と
　　《カサ・ブラネリェス》(1923)
6　結語　041

第3章　バルセロナ ── 043
〈カタルーニャ・ムダルニズマ〉を駆動させた建築家
ルイス・ドメーネック・イ・モンタネル

1　新しい建築様式を巡って　046
　　(19世紀後半〜20世紀初頭)
2　ドメーネックの「国民的建築をもとめて」(1878)　049
3　ルイス・ドメーネック・イ・モンタネルの
　　4つの建築作品　065
4　結語　079

第4章 ジロナ ─────────── 081
中世都市の近代化を進めた建築家
ラファエル・マゾー・イ・バレンティー

1. 中世都市ジロナについて 081
2. マゾーの人となりについて 088
3. マゾーの旅行 090
   ──ヨーロッパ中央における近代建築の胎動を求めて
4. ラファエル・マゾーの建築作品の展開 095
5. 結語 105

第5章 タラッザ ─────────── 107
繊維業で栄えた街の建築家
ルイス・ムンクニル・イ・パレリャーダ

1. はじめに──ルイス・ムンクニルについて 107
2. タラッザについての略史 108
3. 近代化に向けて 110
4. 折衷という理念における3つの様態 112
5. 結語 122

第6章 ガウディ試論 ─────────── 123
日本に初めてガウディを紹介した建築家
今井 兼次

1. 今井のガウディ言説 123
2. 「統一性をもったコンプレキシティ」表現の誕生のファサードの彫像制作 126
   ──〈装飾彫刻〉とその制作方法
3. ガウディ論の系譜における外面的形態に関する解釈 130
4. 「激しさ」に込めた今井兼次の作家研究の方法 133
   ──スピノザの方法にならって
5. ガウディを特質づける諸作品について 140

カタルーニャ建築探訪──ガウディと同時代の建築家たち

第1章

カタルーニャ・バルセロナの街へようこそ
街を歩く

　ここに描こうとするのは、スペインの1州であるカタルーニャの建築家の人となりや作品を通して、つまり建築的な事象を通じて、彼らが住まい、生活し、生涯をともにした街々とどのように関わり、街々をつくっていったかについてである。時代はこの地域が近代化過程に向かう19世紀から20世紀の最初の四半世紀までのことである。カタルーニャではラナシェンサ再生運動を背景とする〈カタルーニャ・ムダルニズマ〉の全盛の時代から〈カタルーニャ・ヌーサンティズマ（20世紀主義）〉に相当する。取り扱う建築家たちはガウディを含めてテーマと連関して5人の建築家をフィーチャーし、同時代の建築家たちの代表として扱いたい。何人かはピレネーを越えてヨーロッパ中央の国々に新しい建築の思潮を嗅ぎ取りに旅行した者もいるが、彼らの多くはカタルーニャのバルセロナや、ほとんど前世紀には名前も知られることのない町において活動した。ヨーロッパ中央に端を発する近代建築思潮において、また近、現代の建築の思考過程においても一顧だにされることもなかっただろう。しかし、彼らがそこに根付き、その時代の技術とそこで得られる材料を駆使して作り出した建築群は、いまだに各々の町で生き生きと精彩を放って各街区をつくり出している。

　このことの意味は、建築が建設と開発というキーワードで世

界を席捲した時代、あるいは機能や合理やインターナショナルの普遍的語彙が世界の隅々へと浸透した時代の行き詰まりと、その方向づけにおいて見落としてきた地域や事象の掘り起こしとともに、各々の個別の中にこそ世界へ敷衍できる解を発見できるという思考回路の見直しの途上の中で、捉えられるべき事柄だろう。それは一方、情報化の時代がそれぞれの個別の地域や地方の在りようを、差別なく拾い上げることができるようになってきたことにも起因するのかもしれない。

　作者はカタルーニャの首都バルセロナを1975年末、最初に訪ねている。それから40年近くガウディやカタルーニャの建築家たちの研究を通じて関わっていることになる。そのような意味でカタルーニャの地域や、都市や建築群、そして建築家たち、集落や人々への思いも一方ならぬものがある。それゆえ、作者の体験や印象や感じ取り方も含めて、主題について語るための材料とさせていただくつもりである。

　ところで、ここ数年、年に1、2度はバルセロナを訪ねている。多いときは3度にもなることがある。バルセロナを起点として、カタルーニャを廻ることになる。そこで気づいたことがある。初めてスペイン、カタルーニャを訪ねた40年前以来、建築家アントニオ・ガウディの研究を深めるために資料収集や取材が主目的であり、その後ガウディ周辺の建築家や同時代の〈ムダルニズマ〉の建築家たちや彼らの諸作品に関する資料収集という形に内容が少し変わったといっても、その姿勢はほとんど変わりがない。しかし、近年目的を限って行く事に変わりがないのだが、少し私の感じ取り方が変わってきている。簡単にいえば、バルセロナにいる間はバルセロナの住人のように振る舞っている。あるいは、そのように行為するように努めている、といった風なのである。それはスペインにおけるカタルーニャの位置づけ、カタルーニャの人々の心性に対する理解の深まりに関係している。つまり、カタルーニャの建築家たち

について限られた範囲で研究することを超えて、カタルーニャという国、あるいは民族の歴史という背景を知らなければ解き明かせないことがはっきりして来て、研究自体がカタルーニャの人々の歴史と擦れ合うことになったからである。現代の表面的様相の底に、カタルーニャの近代化の過程を通して表れたカタルーニャ的なものへの思いといったものが、垣間見えるのである。そして、その思いといったものがこちらの心にも浸透してきている。このような私のカタルーニャへのかかわり方の変化がこの著書の主題となる、カタルーニャの建築家たちのカタルーニャのさまざまな町との関係性の中で、彼らがそこでそうあり続けたことの意味を解き明かす示唆を与えてくれるだろう。

　バルセロナに降り立ったときの記憶は、映画のシーンのように鮮やかに刻印されている。まずいくつかのシーンから始めよう。1995年夏、短期間バルセロナに滞在した折のものである。マドリッドのバラハス空港を飛び立つと、乾いた紅い砂漠のような大地が眼下に広がる。しばらくすると緑が濃くなり、カタルーニャ圏に入ったことを感じさせてくれる。すると、突如大地から吹き出たトウモロコシのようなモンセラットの山々の奇観に目を奪われる。そのとき機体は大きく傾き、窓が一面に輝く銀色に覆われ、機体はさらに旋回を続けながら、バルセロナのプラット空港に着陸する。バルセロナを訪れる時の、ひとつの鮮やかな最初の印象である。

　もうひとつは空港から街区へ到るシーンである。空港から澄んだ青空の下、バルセロナ郊外の田園を列車は走っていった。ミロの絵画「農園」を思わせる佇まいが、細密な日常性に溢れた世界に潜むシュールな雰囲気を漂わせ、いつもながら訪れるものの心を躍らせる。乾いた突然の堅固な工場群の展開と高層アパート群の出現、そして居住密度が感ぜられ、さまざまな

ファサードをもつ建物が眼の前に開かれていくとき、列車はバルセロナの中心街への期待を抱かせながら地下の闇へと下りて行った。バルセロナの中心駅の1つ、サンツであった。これらは、カタルーニャやバルセロナの言葉とともに私の中に連関して浮かび上がってくる映像である。

　それとともに、数十年前のバルセロナの一市民のことを、そこに住まうカタルーニャの人々の心性の在りようを表象する事柄として覚えている。グエイ公園を最初に訪れた折のことである。バルセロナの中心通りパセオ・デ・グラシア通りとの接点にあるカタルーニャ広場からのバスであったと思う。運転手にグエイ公園を通るかを確認する。片言の現地語に対して、彼が連射的に繰り出す言葉はほとんど聞き取れず、しかし「ノー」とは言っていないということで乗車した。バスが走り出した直後に、このやりとりを聞いていた乗客の1人が、立っていた私の背中の衣服を強く掴んだのである。彼も、バスが中心街を通り山の手へと向かい出したときに、坐していた席から立ってのことであった。「何をする」という気色ばんだこちらの顔を察して、彼は「わかっている。グエイ公園が来たら、合図してやる」といった言葉と顔をしたのである。かくして、私たちはグエイ公園の入口まで、掴まれる者と掴む者という関係でバスの中に立っていた。言葉がわからないのだから、そういう直接的な行為によって、不安を取り除いてやろうとしたのである。その小さな行為のために私と共に立って同じ時間を分け合おうとしたのだろう。心が熱くなったのを憶えている。そして、バスが大きく旋回しながら蛇行を繰り返して斜面を登っていったとき、彼は掴んでいた手を背中から離して、「グエイ公園だ」と言った。「ありがとう」を何回も告げながら、バスを降りた。

　当時は、為政者であったフランコ総統が亡くなって数年ほどしか経っていない頃であり、スペインからの分離独立のカタルーニャ自治運動との関係の中で、緊迫した様相も感じられ

た。そこここに、何か重苦しい雰囲気と貧しさと暗さが見られた時代でもあった。

　しかし、バルセロナには、日常の生活行為の中にいまだ熱い気持ちと、直截な人を思いやる心があったのである。忘れえない記憶のひとつである。グエイ公園の東側の門から、左手にガウディが一時期姪と共に住んだ薔薇色の家を左に見ながら、ロザリオの石の球伝いに入っていった。このようないくつかのシーンをもって、バルセロナの町に入っていこう。この町の内部をどのぐらい徘徊したことだろう。

　まずはじめにこの都市バルセロナについて説明したい。バルセロナは古代ローマから中世を経て現代に至るまでの歴史が育んだ町であり、歴史がそのまま重層した都市でもある。それゆえに、具体的に空間密度のヒエラルヒーが画然とした町でもある。この都市の核は旧バルセロナあるいはゴシック地区と呼ばれるが、この部分の地図を上から眺めると、アーモンド状に巡る路地を発見できる。古代ローマ時代の植民地都市であったバルセロナの古名ファベンチア・ジュリア・アウグスタ・パテルナ・バルキノの都市域を示す形である。

　バルセロナ大聖堂広場前がその平面的な頂部であり、そこからパリャ通りに入るとパーゴラのある公園越しにローマ時代の切石の壁体を見ることができる。そこから左に曲がるとバニィス・ノウス通りへと続く。微かに弧を描きながら、やがてピカソの絵の主題となったアヴィニョ通りとなって港へと下っていく。ファサードの様式は変わっても、1階が店舗で、その上が貸家となっている中世の町屋の形式の町並みが背後にあるローマの市壁を隠しているの

古代バルキノのバニィス・ノウス通り。

だ。そしてアンプラ通りを左にとり、ウスタル・ダン・ソル通り、アンジャル・バシェラス通りを介して、19世紀に開削されたライエタナ大通りに並行するソッツ・ティネン・ナバル通りを山の手へ上がっていく。この通りは旧市街の中心の通りであるジャウマ1世通りと交差して、タピナリア通りとなる。ガウディが王の広場の改修計画を構想した折、ジュジョールが銘刻「ジャウマ王の名誉と思い出に。1907年」を1軒の町屋の壁に刻んだ通りである。この通りが行き当たるカテドラル通りを左に折れると先の広場に戻ることになる。

この部厚い数メートルに達する石壁によって囲われた市域を、東西方向に貫くカルド（現在のカイ通りとリィブラタリア通り）と、南北方向に貫くデクマヌム（現在のビスバ通りとレゴミール通り）の大通りが十字に走り、現在のカタルーニャ州政府庁舎やバルセロナ市庁舎のあるジャウマ広場がバルキノのアゴラを形成した所であり、中心にアウグストゥス神殿があった。3本のオーダーがパラディス通りの町屋の中に今も保存されている。このアゴラを取り巻くローマ時代の住居群や街路の基礎部分の遺構が、中世期の会堂の下に埋葬されている。そこには住居の基礎部や街路の側溝の跡ばかりでなく、ワインの製造所、魚を塩漬けし、またそれを醗酵させて作るソース（ガルムといい、当時のローマ世界全体を魅了した香辛料）の製造所、さらに衣服の布の洗いと染色場の水槽の跡など当時の人々の生活を思い起こさせる。

このローマ時代の都市の上に、ヴィシゴートの建築的遺構を介して、中世期のカタルーニャ－アラゴン帝国の首都バルセロナが、現在のランブラス通りを境としてジャウマ1世によって13世紀に右半分が、そしてパラ3世によって14世紀に左半分がローマの市壁の20倍に拡張された城壁都市として建設される。このゴシック地区はロマネスクやゴシックの中世の諸聖堂と町屋が犇めき合う最も密度の高い空間を内包する地区

である。方向を見失わせる迷路のような路地に紛れ込むとき、時間が逆戻りした印象を受ける。石の壁体の古色を帯びたテクスチャーが時代の懸隔を語りかけてくるからでもあろう。それらの路地の名称に中世の住時の生活が隠されている。アグリェース通りは針職人（Agullers）通り、クトゥネース通りは錦織り職人（Cotoners）通り、ブテース通りは樽職人（Boters）通り、アスクダリェース通りは楯職人（Escudellers）通り、アスパザリア通りは刀鍛冶職人（Espaseria）通り、フスタリア通りは大工（Fusteria）通り、ミラリェース通りは鏡職人（Mirallers）通り、サムレラス通りはパスタ職人（Samoleras）通り、ビドラ通りはガラス職人（Vidre）通りといった具合に、中世の職人組合としてのギルドの組織の位置づけを示している。サンタ・マリア・ダル・マル聖堂を中心とする13世紀の町並みに多くが認められるようだ。

ビクトル・バラゲーの『バルセロナの道読本』によれば、たとえばアスパザリア通りについては少し長い引用になるが、次のようにある。

「サンタ・マリア広場とパラシオ広場を結んでおり、古くはサバテリア・ベリャ通りと呼ばれていた。ここに数多くの靴屋が居を構えていたことによる。後に、そこにさまざまな刀鍛冶が住み着くようになって、今日のアスパザリアあるいはアスパダリア通りとなった。1390年に遡る刀鍛冶ギルドの文書がある。その初期の規則は1413年に書かれたものである。この時代以降、他のさまざまな規則が作られ、それらはこのギルドの経済的、あるいは製造技術的な制度に当てられている。

刀鍛冶はバルセロナで名声豊かで、その職は大いに栄えた。攻撃、防御に拘わらず、武器を扱うそのほかの職人も相応しい重要性を得ていた。13世紀以来、これらの職は石弓

の射手、槍騎兵、射手、胸甲騎兵らのような武器が使用されなくなる時代まで、継続して進展し続けた。バルセロナは常に戦争の弾薬のための総合的な資源であった。1292年にはベネチアの人々がジェノバとの戦闘のために、石弓や剣やその職人たちを準備するために、バルセロナに助けを求めてきた。1381年にはカスティジャのフアン1世がポルトガル侵攻に向けての準備のため、彼の高官が1000箱の矢を売ってくれるよう、丁重なメッセージをもって依頼してきたほどである。

　この町が王権の防御や派遣軍の補給のために持っていた対外的な兵器製造庫として、当時有名であり、また偉大なそれに相応しい名声を得ていた。火薬が発明されてからもドゥラッサナス造船所に最初の最大の鋳造所を持っていた。というのはカルロス5世が広場の防御のために製造を命じた大口径のブロンズ製の最初の大砲がバルセロナで作られたことが明らかであるからである。そして同じ場所で、後に12の巨大なカルバリン砲が鋳造された。また、1547年アルバ公がエル・ロセリョンの戦いにおいて、軍隊の装備と軍服一切の制作をここに命じている。」

　中世の戦乱の時代、この通り周辺の刀鍛冶ギルド組織がヨーロッパを舞台にして、いかに活気に満ち溢れて立ち働いていたかを示すものであろう。また、教会を中心とする中世バルセロナの人々の軍事から日常に至るまでの生活をこの組織が支えていたことも伺える。
　この中心地区を取り囲むように、並木を含む20メートルの道路によって133.33メートルの碁盤目状に区画された拡張地域が展開する。他地域および周辺都市を結ぶ50メートル幅の幹線道路が区画に平行し、また斜行して貫いている。各街区は19世紀以降の新古典主義、浪漫主義、折衷主義や〈ムダルニズ

マ〉などの諸様式の建築によって構成される。これは1859年、イルデフォンス・セルダー（1816-76）による中世以来の市壁、及びシウタデラの要塞（カタルーニャの叛乱を抑えるために中世の市壁を補強して要塞化したもの）の撤去を伴う、バルセロナ都市計画案が実施に移された成果によるものである。さらに、その周辺にはヴィラやパラッツオ風あるいは、カタルーニャの伝統的なマジア風の戸建の建築が散在し、そして現在、バルセロナにおける都市のスプロールを象徴するマンション群や高層高密度のアパート群が200万都市のエッジを形作る。ウォーターフロント回りには、近年複合商業施設や、またオリンピックや2004年の環境フォーラムなどのイベントに伴うホテル、集合住宅、コンベンションセンターなどの集会施設が次々に建てられている。例えば、このバルセロナの地中海の海側から、山の手のティビダボの丘にかけ、著名な通りムンカダ街、ランブラス通り、パセッチ・ダ・グラシア通りを経てゆっくり1〜2時間かけて縦断すれば、都市の骨格を目の当たりに経験できるだろう。

I. セルダーによるバルセロナ都市計画案(1859)。

　古代、中世、そして近、現代へと断続的に集積された都市、この都市を初めて訪れた人びとはこの断絶した生成が作り出す変化豊かな空間のシークエンスを、バルセロナの魅力として享受する事ができるだろう。しかし他方この不連続的集合の中に、スペインのなかのカタルーニャの生成と衰亡と再生、そして発展へのカタルーニャの人々の思いを伴った、民族の歴史が浮かび上がってくるのである。

　カタルーニャはいつ誕生したのだろうか。その歴史の一端をここで紹介してみたい。それを通して特に、13、14世紀の中世城壁都市と19世紀近代都市のドラスティックな変貌の意味が問われることになろう。

イベリア半島を舞台にしてケルト－イベリア族のような先住民族、古代ローマ人の末裔が様々にかけ合わされながら、カタルーニャの母胎とも言うべき土地は8世紀に至る。すでに、衰退期を迎えていたイベリアの西ゴート王国が、イスラムの侵略を受けて崩壊する。勢いに乗ったイスラム教徒軍はカタルーニャを通過してフランク王国へと攻め入っていく。イスラム教徒軍はカール大帝に押し返されるが、イベリアのキリスト教徒たちは、ピレネー山脈の南の山肌にぴったり張りついたような状態で辛うじて生存を余儀なくされる。このイスラムに追われ、ピレネー山麓の北方の地に、森と水の豊かさを背景として、大地にへばりつきながら辛うじて生き抜いていくことで、カタルーニャの国と民族の誕生へと繋がっていったという生成の物語には、母語にカタルーニャ語をもつ人のその地への、あるいは中世への、そして祖国への強い思いが感ぜられてくる。R. ヒューズが述べているように、「そこは不屈で、堅固で、粘り強く、眼光鋭く疑い深い農民たちが住む場所、谷間に閉じ込められたとはいえ、自由な人々の住む場所となったのだ。」それをカタルーニャ公国の本質を象徴するものとしている。このピレネーの混沌とした歴史の中から、カタルーニャの領域を統括する者が現れる。それが「ギフレ伯」である。ギフレ毛むくじゃら王と呼ばれ、建国の父とされる人物である。彼はイスラム軍をその地から撃退したフランク王国と渡りをつけながら、行政の中心をバルセロナに移す。彼とともに、カタルーニャの、その首都としてのバルセロナの歴史が開示されるのである。それゆえこの中世における建国の事績を抜きにして、カタルーニャの近代は語ることができないと思う。

　このようにその首都バルセロナは中世バルセロナ伯爵領から続くが、スペインの首都マドリッドと常に対比されてきた。後者がカスティーリャ・レオン王国を背景としており、カタルーニャ・アラゴン王国を背景とするバルセロナとのイベリア半島

の覇権をかけての長い角逐の歴史がある。さらにヨーロッパ列強諸国、ハプスブルグとブルボン両家が絡み合った長い戦歴がある。その中で、中世期に地中海の覇権を握るまでの帝国であったカタルーニャ・アラゴン王国は、カスティーリャ・レオン王国を中心とするスペインの統一という流れの中、政治、経済の衰退と共に歴史の表舞台から遠ざかっていく。そして、そのような歴史の事象を通じて近代を迎えるに到るまで、民族と国と言葉と文化総体を守り抜いてきたという思いと重なるからなおさらにである。この苦難史と、11世紀から15世紀に亘る地中海をわがものとして隆盛を誇ったカタルーニャ・アラゴン王国の栄光が、カタルーニャの人々にとって中世への回帰と再生の思いを増幅する。それゆえ、つねに胸元にこみ上げて発せられるのを待っている声音のようなものが、近代に一層強くなってきていた。

　カタルーニャにどのような形で近代が入ってきたのだろうか。スペインの中で最初に、ピレネーを越えて、あるいは海を渡って中央ヨーロッパの産業革命が伝播する。バルセロナやその衛星都市であるタラッザ、サバデル、マタロー、マンレーザなど諸都市は18世紀後半から19世紀に入って産業革命の導入に伴う綿紡績業が目覚しい成長を遂げる。また、砂糖や蒸留酒を仲立ちとするスペイン語圏や他のヨーロッパ諸国との貿易が富をカタルーニャにもたらしたのである。鋳鉄技術の伝播から鉄道の出現に至る機械による活発な生産手段の変革を通して、人々の生活形態が近代へと変わっていくのである。バルセロナの1821年の人口は8万4千人であったものが、鉄道の出現時1848年頃には17万5千人に達し、更に1900年には53万3千人と3倍に膨れ上がる。

　この急激な富の蓄積と人口の増大がバルセロナを中心として進展する。先述したように、1859年都市計画家I.セルダーのバルセロナ都市計画案に沿った新しい街作りが旧市街を取り巻

く拡張地域（エンサンチェ）で展開される。産業革命と共に台頭した実業家たち新興階級（この代表としてガウディの生涯のパトロンとして知られるグエイ伯爵があげられるであろう）、彼らのステイタスをこの新しい都市に実現するために、駆り立てられる建築家たち、詩人、画家、文化人たち、そしてカタルーニャの民衆自身もカタルーニャ的なるものへのあの声音を堰を切ったように発したのである。カタルーニャの中世の出自と栄光を求める再生・芸術運動が起動する。母語の文法と正書法の修正、バルセロナ大学の創設、中世の詩歌の祭典を復活させ、オルフェオ・カタラのような合唱隊や史跡探訪旅行センターが数を増し、音楽、絵画、文学、とりわけ建築を新しい光で照らし出す。

　1888年バルセロナで万博が開催された。カタルーニャが世界的に認知されたことを意味するとともに、この都市の成長とコスモポリタンへの変貌を記し付けた事件であった。

　〈ムダルニズマ〉はカタルーニャ・ラナシャンサの高揚せるそれから、マニエリスモへと移行していく。

プッチのカサ・デ・ラス・プンシェス。

　人々はリセウ劇場やカタルーニャ音楽堂でワグナーに浸り、ニーチェやイプセンを読み耽る。世紀末の雰囲気が漂うバール「四匹の猫」では絵画や文学の行く末が語られる。人々は着飾り、バルセロナの街路を散策する。旧バルセロナのフェルナンド通りでウインドウショッピングを楽しみ、拡張地域の中心パセッチ・ダ・グラシア通りのカフェ・トリノでひとときを過ごす。「アル・カドラット・ドール」（黄金の街区）、彼らは拡張地域を誇らしげにそう呼ぶ。

　建築家ドメーネック・イ・モンタネルやプッチ・イ・カダファルクらの代表作《カタルーニャ音楽堂》や《サン・パウ病院》、また

《カザ・ダ・ラス・プンシェス（尖塔の家）》などがバルセロナの各街区を飾り立てる。彼らにとってカタルーニャにおける近代、あるいは建築の近代化への移行は、まず第1にヨーロッパ中央の先進諸国におけるさまざまな思潮との同調であった。しかし、中世ロマネスク、ゴシックを創出し、その発展期を経験したカタルーニャにとって、19世紀の再生、カタルーニャ・ルネッサンスは、それに匹敵する新しい建築様式の表出という大きな仕事を彼らに課した。ヨーロッパ化を進める以上にカタルーニャ的なものを如何に表出するか、それが彼らの心を捉える緊急な課題であった。彼らが作品において、またさまざまな研究において試みた職人技術の保護育成は、カタルーニャの建築の歴史を補ってきた諸技術、すなわち陶器、タイル、鍛鉄、スグラフィット、木工細工などの再生及び振興それ自体が、カタルーニャのアイデンティティを、人々の希求する声音を視覚的に表現してくれるからであった、と言えよう。

　A.ガルシアがまとめた『アル・カドラット・ドール』にはセルダーによるエンサンチェ計画の施行の始めから、20世紀の最初の四半世紀に至るまでの古い記録写真が掲載されており、この街区の発展過程を知ることができる。

　カタルーニャ的なものへの声音が建築という形式で表現されるために、またバルセロナをその声音が体現される新しい近代都市として脱皮させるための準備が19世紀の初頭から始まっていた。建築、都市をつくり上げていく専門家の養成が急務であった。これまでの棟梁、石工、左官、レンガ工といった世襲的な継承から、制度として建築家や建築工匠、またさまざまな職種の職人たちを教育を通して社会に輩出していこうとする動きがそれである。いまだ当時は、建築家はマドリッドで教育を受けて資格を取得しなければならなかった。

　このことにいち早く取り掛かったのは新しく台頭してきた実

業家たちであった。彼らはロンハ、すなわち商券取引所の中にまず初めに美術学校をつくり、さらに1817年建築クラスを開設する。その主任は建築家A.セリエスであり、彼は商業委員会から1793年に奨学金を受けローマに留学し、ポポロ広場やウルビノの大聖堂の建築家J.バラディエルに師事する。その後、1803年にマドリッドに記念建造物の研究に赴いたりしている。セリエスはローマ時代、バルセロナに建立されたアウグストゥス神殿の遺構の再建案を起草していたことで知られるように、古典建築の傾倒者であった。彼が著した教育法を参照してみよう。

まず彼は教育対象を建築学に専心する者と、左官、石工、大工などの手仕事的技術を持つ者にわけて行うことを表明する。前者には学的概念を教育し、理論的－実践的建築家として、後者には学的成果だけを伝え、芸術理論は有しないが、ある程度の知識を持つ技術者として育成すると述べ、両者の質的相違と理論教育と実践教育に分けて同時に行うと述べる。

教育課程の内容として、まずはじめに理論的－実践的建築家は、建築芸術に関わる数学を学び、次に技術者とともに実践幾何学を学ぶ。さらに、建築の基礎知識を学ぶために、古代と近世の建築オーダーを精密に製図し、特に理論を学ぶ者たちは図面に陰影をつける方法を勉強しなければならない。それは自然が常に教えるように、明暗によって対象を際立たせるという不変の法則に順じたものである、とセリエスは強調する。

オーダーを学んだ後に、ギリシア－ローマの優れた記念建造物および著名な建築家のコピーを始める。それらの作品に内包された優れた平面配置形態、プロポーションと堅固さの考え方から啓発を受けるのが目的である。同時に、近世の著名な建築家の建物を観察と分析を加えながらコピーし、特に優れた好尚および、使い勝手と構造の結びつきを学ぶ。技術者たちは古代、近世の記念建造物のトレースに止め、ただその建物の構成

と構成法、総体的プロポーションと形態を洞察し、学ぶように努める。

　建築の学を志すものたちは、図面にさまざまな図像を示して装飾を施す必要から、鉛筆やチャイナ・インクによるさまざまな形象と図版のコピーの修練が必須である、と述べている。

　コピーに精通した後は、理論グループと実践グループに分かれて、現在の慣習と必要機能に即した設計（コンポジション）を始める。単純な小スケールの建物から始め、より複雑なものへ、また個人的なものから、公共的なものへと進み、常に偉大な建築家たちの記念建造物にある原理、普遍的法則を見失わないようにすることである。合目的性、経済性、便宜性、堅牢性。そして内、外部とも使い易さに即してシンプルな形態であり、建物の用途が滞ることなく、表明されている性格をもつことが重要である。装飾は建物の固有の性格や、便宜性、また適切な配置を見失わぬようにし、用途に即した材料の選択を行うことを指導する。

　この教育内容を引き継ぎながら、美術学校の建築クラス（1817-1850）は、バルセロナ建築工匠学校（1850-1869）、バルセロナ県立理工科学校を経て、そして1871年にバルセロナ県立建築学校、現在の国立のバルセロナ建築高等技術学校（バルセロナ建築大学）の前身が出来る。1875年には、建築家資格の交付権限をもつ正式な建築家養成機関となり、独自の建築教育を展開していくことになる。セリェスの後継者たち、J. カサデムント（1804-1868）や E. ロージェント（1821-1897）は、前者は古典主義の教育課程に少しずつ中世主義的・浪漫主義的好尚を加え、さらにカタルーニャ・ゴシックの記念建造物の特別研究を伴う芸術的教科と科学工学的教科に分ける方法を通して変更していき、後者はヴィオレ・ル・デュックの建築理論の実践者としてヨーロッパ中央の思潮も読み取りながら、カタルーニャ中世の歴史的記念建造物を対象とする中世主義的教育を行い、カ

サデムントの教育理念を継承する。カタルーニャの近代化過程を視覚的に担うことになる建築家の養成及び教育において、時代のリーダーである新興階級の付託に応えながら、カタルーニャ的なものへの声音の思想を強化するものとして、これらの機関は働いたのである。

　スペインの1州に過ぎないカタルーニャの位置、歴史、民族の思いを建築、都市をパラメータとしてさまざまな角度から、その首都であるバルセロナを巡って述べてきた。現在バルセロナ市と周辺郊外を含めると、カタルーニャの人口の半分を占めるにいたる。これから紹介する建築家たちもそこに学び、生活を送り、そして彼らが生まれ育った都市や町や村に彼らの職能を通して関わっていった。次に、バルセロナを離れて、タラゴナへと目を移したい。

　イベリア半島を古代ローマの軍団が往来していた時代、現在のタラゴナやバルセロナはタラコネンシスやバルキノという名称を持つ植民都市であった。先住民であるケルティベリア族やライエタニ族を、ローマの百人隊長や下級将校、そして兵士たちが奴隷、妻、妾として支配しながら、ポブレット（プエブロ集落）を形成してカタルーニャの土地に根付いていく。オリーブ油、小麦等の穀物類、ワインを作り、山羊や鶏を飼い、豚からハムやブティファラ（豚の腸詰め）を作る農民となっていくのである。彼らが豊かな富裕階級へと成長していくとき、私兵に守られた要塞のような奴隷共同体であるフィンカを作った。中世の封建的伯爵領の原型といわれる自己充足的で自衛機能を持った共同体である。時代に従って、ローマが衰退していくとともに蛮族の侵攻、ビシゴートの支配が続く中でその地で生き延びていく。しかし、8世紀におけるサラセンによる侵略によって、貴族は没落し、農民たちも地中海岸沿いの地を捨てて、奥深いピレネーの麓へと逃亡する。「8世紀以降、山間部の農村は成長していった。経済的豊かさには限界があったが、石ころ

だらけの小さな土地を切り開いていく厳しい生活もやがて安定度を増していった。この農民の粘り強さが深く根付き、後にカタルーニャのシンボルとなる。」カタルーニャ・ベーリャ、この北方の地をカタルーニャの人々は祖国の本質と呼ぶ。

　サラセンの手を逃れた農民たちの粘り強い持続力とともに、この混沌の中から抜け出した戦士ギフレ毛むくじゃら王が、サラセンに代わるフランク王国と上手く渡り合うことによって、バルセロナ伯爵としてカタルーニャの祖形を統合する。彼は、サンタ・マリア・フルミゲラをはじめとしてサン・ジョアン・ダ・リポーイ、サン・ジョアン・ダ・ラス・アバデサス、そして雪花石膏の正面を持つサンタ・マリア・ダ・リポーイを献堂する。それらは、現在もカタルーニャの人々が巡礼におとずれる地である。同時に、多くのカタルーニャ・ロマネスク壁画が描かれたロマネスク聖堂が建てられたのである。そして、1049年ラモン・バランゲー1世がカタルーニャを統一する。これがロバート・ヒューズの見解を下にしたカタルーニャ建国までのショートストーリーである。

　先住民族、古代ローマ人の末裔がさまざまにかけ合わせられながら、北方の地に、森と水の豊かさを背景として、大地にへばりつきながら生き抜いていくことで、カタルーニャの国と民族の誕生へとつながっていったという神話には、母語にカタルーニャ語を持つ人々のその地への、あるいは中世への、そして祖国への剰い思いというほかないものが感ぜられてくる。この事跡を抜きにしてカタルーニャの近代は語ることは出来ないと思う。その首都バルセロナは中世バルセロナ伯爵領の時代から続くが、スペインの首都マドリッドと常に対比されてきた。後者がカスティリア・レオン王国を背景としており、カタルーニャ・アラゴン王国との長い角逐の歴史があり、さらにヨーロッパ列強諸国、ハプスブルグとブルボン両家が絡み合って長い戦歴がある。民族と国と言葉と文化総体をまもり抜いてきた

という思いと重なるからなお更にである。この苦難史と、11世紀から15世紀に亘る地中海をわがものとして隆盛を誇ったカタルーニャ・アラゴン帝国の栄光がカタルーニャの人々にとって中世への回帰と再生の思いを増幅する。

第2章

タラゴナ
街々の建築を造形・装飾した異才の建築家
ジュゼップ・ジュジョール・イ・ジーベルト

　タラゴナ。バルセロナから鉄道で45分、車で約1時間地中海に沿って南へと下っていったところにある。カタルーニャはピレネー山脈を北限とする北半分を湿潤カタルーニャ、地中海を南限とする南半分を乾燥カタルーニャとして風土的な区分をするのが一般である。タラゴナは乾いて、温暖な地中海性気候の風土に位置する、カタルーニャ州の主要都市のひとつであり、タラゴナ県の首都である。古代ローマの水道橋などの建築遺構を下にした観光地として知られるが、近年は重化学工業を中心とした工業都市でもある。人口はそれでも10万を数えるに過ぎない。街中を突っ切れば緩やかに続く田園地帯であり、葡萄、オリーブといった主要なカタルーニャの農作物の畑と、そしてイナゴマメやローズマリーといった植物群が続く。その中に、1戸建ての石造のカタルーニャの伝統的民家であるマジアや、いくつかそれらが集まり、また教会や広場を中心とした集落が点在する。乾燥カタルーニャでは何処にでも見られる典型的風景であるが、タラゴナにおいてはひときわ意味を持つ。というのは、この風景は古代ローマの植民地としてのヒスパニア・キテリオル（現在のカタルーニャ州も含まれる）の行政の中心であり、後に首都となるその当時、タラコと呼ばれ、コロニア・イウリア・ウルブス・トリウンファリス・タラコネンシスとい

うラテン語の称号を持っていたタラゴナがその原型を作り出しているからである。ローマの入植者たちは原住民を奴隷や妻や妾として家族単位を形成して、「1軒の要塞化した農家」を拠点として生活を営み、集落を形作っていったのである。

　このような古い歴史を持つ都市を歩けば、長大な市壁の一部、フォーラム、円形劇場など古代ローマの遺跡が豊かに残されている。RENFE（国有鉄道）の海岸線沿いの駅を降り、小高い丘に向かって上っていくことになる。海沿いの低地に現代の町々や施設が広がり、長大な市壁で囲われた丘の頂部にあったローマの神殿、フォーラム、円形競技場の遺構の上に、タラゴナ大聖堂を中心とした中世の旧市街が高地に街区を構成する。その中間のレベルに古代ローマ都市タラコと名付けられた広場を中心に放射状に、ランブラ・ノヴァ大通りを介して碁盤目状に19～20世紀の街区が広がり、行政、業務、商業施設の中心街区となっている。ローマ都市タラコはこの一段高いゾーンまで達している。

　建築家ジュゼップ・ジュジョール・イ・ジーベルト Josep Ma. Jujol i Gibert（1879-1949）は、この中間の街区の海よりの端の、古代ローマの劇場に隣接した聖ジュアン校（近くにある教会に因んだ名からきている）の上の住居で、1879年9月16日、その学校の教師であったアンドゥルー・ジュジョールとテレサ・ジベールトの間に生まれる。現在のプリム将軍広場6番地に当たる。劇場は今は跡形もないが、まだ遺構があった頃は少年時代のジュジョールの取っておきの遊び場であった。彼の父が息子の将来を考えて、バルセロナへ移住する1888年11月3日まで、ジュジョールは僅か9年しかタラゴナに居なかったわけであるが、建築家としてその後もここを拠点としてこの街と周辺に関わっていくのである。

　彼の子息ジュジョール・イホの証言によれば、その後も1908年ごろ旧市街のコス・デル・バウ通り20番地の屋根裏に

住んでいたとのことであり、また、1928年から49年にかけては休暇あるいはタラゴナで設計があったときは、旧市街のコムテ通り11番地の家に寄宿して設計活動を行った。

　ジュジョールはガウディの助手の建築家として知られる。1906年バルセロナ建築高等技術学校を終え、建築家の資格をとり、1908年以降自らの作品の創作活動に入りながら、バルセロナ建築高等技術学校や工業大学の教育にも携わる。1901年には、ムダルニスタの建築家アントニオ・M・ガリッサ・ソケーのアトリエで協同し、彼の死後1903年よりフォント・イ・グマのアトリエを経て、1906年よりガウディのアトリエに参画して、ガウディの作品と生涯に深く関わる。1904年から始まるガウディの《カザ・バトリョ》(1904-1906) のガラスモザイクや円形陶板による、緩やかに波打つ多彩色のファサードについてジュジョールの参画によるガウディ作品の変容を唱えるジュジョール・イホの意見もあるが、ガウディの碩学であった故ジュアン・バセゴダ・イ・ノネイによれば、1906年からの知己であってその証左はないという。

　ジュジョールの研究者でもあるカルロス・フローレスによれば、「ジュジョールは〈ムダルニズマ〉におけるレナシェンサの〈ムダルニズマ〉のノスタルジックな中世主義とも、私たちがマニエリスモの〈ムダルニズマ〉と呼ぶ折衷主義的な歴史諸様式の組み換えとも無関係な歴史主義的な構成とも離れ、彼自身の特別な世界表現を求めていた。伝統的な規範は、彼の個性溢れるイマジネーションと新しさを求める尽きることのない努力によって」一掃された。さらにフローレスは、ジュジョールは建築家でありながら、彫刻家、画家、優れた素描家であり、驚嘆すべき手仕事に対する深い愛着と資質を備えた作家であり、彼が手懸けた鍛鉄、陶器、色ガラス、スグラフィットなどの技術、また色彩溢れる彫刻的、絵画的形態には眼を瞠るものがある、と高く評価する。フローレスは、ジュジョールは単なるム

ダルニスタでもなく、小ガウディとしてのガウディニスタでもなかった、と主張する。

1 ガウディとジュジョール

　ジュジョールは、1906年ガウディの親友であった医師のドクター・サンタロの紹介でガウディと出会う。ガウディは54歳、ジュジョールは27歳であった。ジュジョールはガウディの建築に対して、青年らしい熱狂と深い称賛の心をもって接近する。ガウディはジュジョールの何ものにも捉われぬ、自由で直観的な判断力をもつ性格と、その資質から生まれる驚嘆すべきデッサン力と表現能力を見抜き、自らの作品を担う主要なスタッフの1人と考えるようになった、と《サグラダ・ファミリア贖罪聖堂》の彫刻家フアン・マタマラは述べている。ジュジョールはこうして建築家としての形成期にガウディと造形面においても、精神面においても意志を通い合わせながら、まさにガウディ－ジュジョールの作品とも言うべき独創的な作品をバルセロナに建築したのである。

　ジュジョールはガウディの監督の下に、《カサ・ミラ》(1906-1910) の地質学的量感に絡みつくバルコニーの手摺の鍛鉄彫刻や、内部の天井をかたどる、砂浜に打ち寄せる淡い波の波紋のようなプラスターのレリーフを制作し、あるいは《グエイ公園》(1900-1914) の列柱ホールの天井、コラージュ手法による円形薔薇形飾りや、その上のギリシア劇場を取り巻く波打つベンチの多彩色の陶片や銘刻をデザインし、そして、また《マジョルカ大聖堂の修復》(1900-1914) においては内陣のキリスト教の勝利と平和を象徴するオリーブと歴代の司教盾の陶器、さらに彩色鮮やかな壁面装飾などを担当する。ジュジョールがガウディのアトリエにスタッフとして加わった1906年は、ガウディの作品系列において、カサ・カルベットやベリェスガール

で終る歴史諸様式のまねびとしての諸作品から、《カザ・バトリョ》《カサ・ミラ》《グエイ公園》へというガウディの最も個性的で、独創性豊かな作品展開へと転換していく時期に合致する。ガウディはさらに、彼の総合の作品としての《コロニア・グエイ教会》《サグラダ・ファミリア贖罪聖堂》の制作へと大きく歩みだしていくのであり、ジュジョールもまた、それ以後小品ながら彼の個性溢れる傑作を生み出していくのである。

　このようなガウディ－ジュジョールの協同と作品展開における質の転換の時間的な同一性は、1人の建築家の、もう1人の建築家への従属を否定する証左に他ならないであろう。まさに、ジュジョールはアントニオ・ガウディという天才的な建築家の作品の装飾造形面を担った一建築家でありながら、また彼の建築制作の息遣いの中に全身を投入することのできた稀有な存在であり、そのことを通して、またジュジョールはカタルーニャ建築思潮の一翼を担うに値する才能と質の高い作品を作り出した建築家として登場してくるのである。

2　タラゴナでの最初の仕事
　　──《労働者協会劇場》(1908)

　タラゴナの労働者協会はカトリック信仰による労働者の精神面を司りながら、彼らの社会的地位の向上と団結を目指す組織であった。会長であったT.ブラスは1908年ランブラ・デ・サン・ジョアン通り46（現在のタラゴナのメイン・ストリートであるランブラ・デ・ヌウ通り）の協会の所有地に劇場（現在のテアトロ・メトロポール）をつくる計画を決意した。さまざまな経緯を経て、タラゴナ出身のジュジョールに依頼された。この作品はジュジョールが最後まで関わることができなかったが、彼の後の作品に表れるジュジョーリアン風と呼ばれるもののすべてが表明されている作品といえよう。

　ジュジョールはこの劇場を人生の荒波を乗り越えていく教会

上：労働者協会劇場(テアトロ・メトロポール)の庭側外壁面のディテール。
右：玄関から客席を結ぶ廊下部の天井。プラスターの垂れさがる天井を鉄のリブが支持している。

の箱舟というメタファーによって、この協会の母体としてのカトリック精神に応えようとした。それは放物線形態のプロセニアムにとりつけた漁船のランタンによる照明やそこから垂れ下げられた魚網の表現となり、また主階の導入部から階段を下りたところにあるフォワイエの天井はプラスターによる海の水泡が渦巻いて動的な表現になっており、下に向かって膨らんだヴォールトを幅の広い鉄の帯が緩やかに波打ちながらそれを支えている。客席は鋳鉄に支持されており、その下のプラスターの天井面も緩やかに波打ち、緩やかな曲面の上に繋ぎ梁が鋭く対比的に、竜骨のように浮き出る。独立した煉瓦の壁もステージからの内圧を受けるように膨れながらたわみ、煉瓦の柱も曲面で削られている。さらにヴォールトの補助材としての鉄帯は捻られながらピンと張って、空間に浮遊する。海のメタファーが全体から、細部へと隈なく行き渡っている。鋳鉄や型鋼など鉄材を駆使し、それに木やしっくいを絡ませながら、

左：テアトロ・メトロポールの客席部。
上：劇場の祝祭的雰囲気を盛り上げる昆虫の眼のような飾り照明。

　自在にさまざまな組み合わせを大胆に、固定観念にとらわれることなく展開する。例えばアプローチ階段や、外に開かれた開口部は鉄を骨組みにして木とガラスのトレーサリーを構成する。サービス階段では木の手摺を支える鍛鉄の手摺柱の間を、鉄網をプラスターの液に浸けて固まらせたもので塞ぐ。
　また、床にはさまざまな銘刻が彩色セメントで刻まれ、壁や柱に色鮮やかな紋様が描かれる。色ガラスを砕いて、その砕片を接着させて曲面を形作って、照明のシェードとする。ジュジョールの眼のいたるところ、彼の手が加えられることのないところはない、といった感がある。最初の発想から、実際のさまざまな技法に至るまで、ジュジョールの将来の作品の出自を示すものであろう。彼は自らの生まれ育った街に記し付ける作品として、彼の掴み取ったものを捧げたのである。
　近年カタルーニャの現代建築家 J. リーナスによって再生され、演劇や音楽会など活発に使われている。通りから控えてあ

り、タラゴナのメインストリートの表面を飾ることはない。しかし、この街の祝祭的空間を見事に築き上げ、縁取ることに成功していることに間違いはない。

　このデビュー作を出発点として、タラゴナ、バルセロナ、そして自宅もあったその近郊の町、サン・ジョアン・デスピを拠点として設計活動を進めていくとともに、それらの街と関わっていく。彼の主要な作品を、いくつかの彼の創作態度に関連する主題とともに整理して、以下に辿ってみたい。

3　表面と装飾
──《ティエンダ・マニャックの店舗デザイン》(1911)

　ジュジョールが個人的な依頼で自らの作品を1908年から制作を始めるなかで、1911年のペール・マニャックの依頼による店舗の設計は注目に値する。ペール・マニャックはバルセロナの実業家であり、世紀末に現象するカタルーニャ芸術運動の熱狂者であり、またパリのピカソのパトロンでもあった。ガウディと親交をもっていたが、ジュジョールをマニャックに紹介したのは他でもないガウディであり、後に、ジュジョールの最も親しい友人の1人となった。

ティエンダ・マニャックの店舗デザイン。黄色い台紙に色鉛筆で躍動感もって素描されている。

　旧バルセロナのフェルナンド通りは、商店街が立ち並び、紳士、淑女の多くの散歩者たちがウインドウ・ショッピングを楽しみながら、さまざまな菓子店で試食を楽しむような由緒ある通りであった。フェルナンド通り57番に、マニャックは装飾箱類を販売する店舗の設計をジュジョールに依頼したのである。ジュジョールの古文書室にファサードと内部の古い写真と、彼自身によるファサードのスケッチが残されている。これは既存の建物に挿入された。それ自身が装飾箱と化した装置である。

　通りに面したファサードは葡萄棚の葡萄の房風に

任意に配されたランプで蓋われた木製の多面体のショーウインドウとして構成されている。スケッチでは赤や黄や緑の多様な色が軒先部分に施されていたことがわかる。また内部は全体が装飾され、壁と天井は一体となって、《カサ・ミラ》の天井を型取った人間の手の痕跡がそのまま写しとられる形で装飾され、ジュジョールらしい聖母への自由奔放な称賛の銘刻が描かれ造形されている。それらの言葉は、白、明るい黄、赤や紫を背景として数珠つなぎになったロザリオとともに金色や黒や淡い色による幻想的な「アベ aves」の言葉の他に、マリアへの言葉の銘刻とともに構成されている。これらの色彩はこの建築創造における支配的なモチーフである。これらの造形と色彩の取り扱いに、ラフォルスは「ギリシャやミケネ、あるいはクノッソス的感覚と、植物界から把握された個性的な様式」が融合していると述べる。そして、形態と色彩と面のすべてが心を揺さぶり、掻きみだすような躍動感によって表現されている。ジュジョールは色彩が光り輝く嵐のなかで「混合されたソースや炸裂する花火」（ブニュエルの言葉）のような色彩を希求したのであろう。ジュジョールは「形態の天才」であると、ラフォルスは述べている。そしてジュジョールの幼年時代の生活習慣をそのことに結びつけるかのように次のように記している。「ジュジョールは手に鉛筆をもって生まれたともいわれる。というのは彼の初期の幼年時代から、休みなくデッサンを繰り返していたからである。そして鉛筆がなかったときは、はさみで紙を切って形態をつくったり、またハンマーでたたいたり、やっとこで捩ったりして遊んでいた。このようにして、色彩と形態に対する感受性と、技術者職人としての鋭敏さという彼の2つの大きな資質が形作られたのである。」

　また、ジュジョールがタラゴナ平野に過した1日のことを語らなければならないだろう。彼はこの平野にあるビリアロンガで夏の数日を過した。この町から少し離れたロセールの墓地や

庵に行った。そこは絵画的な風景が展開し、そこから素晴らしい日没が眺められたからである。ジュジョールはタラゴナの太陽の強い輝きが時間の経過とともに暗い色調に変わり、暗さが支配していくとき、糸杉の色彩の変化を楽しんだ、という。と同時に、タラゴナ平野を囲むムッサラ山脈の雲を薔薇色に染めて沈む太陽の最後のきらめきが、地中海の濃い空の青を背景としてこの日の最も荘厳な時間をあでやかに彩るのを強い印象として感受したのである。

　このような性格と体験がジュジョールの、形態と色彩と素材と一体になった、ものをつくる身体、ものを形態と色彩によって感じとる身体を形作っていったことを理解させよう。そして1906年に始まる《カザ・バトリョ》《カサ・ミラ》《グエイ公園》などのレウスの名匠の制作のもとで洗練された形態と色彩に対する感覚によって、最初に自由奔放にほとばしり出た作品こそ、この《ティエンダ・マニャック》であったといえよう。人を迎える商店のファサードに対する、また人の眼を奪うその表面、外部を彩り内部を彩る表面へのこのジュジョールの執着は、更に次のいくつかの作品に引き継がれていくことになろう。

4 《カサ・ボファルール》(1914)と 《カサ・ネグレ》(1915)のファサディズム

　ボファルールの田園の家はタラゴナのパリャレソスにあった古い農家を改修した作品である。ジュジョールの意識は内部の階段室と裏側のファサードに集中する。矩形の螺旋内部階段においては細い繊細な鉄が無限の、優雅な形態を形作って、それを下から見上げるときその上昇感を高め、八角形の天窓に塗られた鮮やかな黄色が軽やかさを与えている。《カサ・ボファルール》の裏側のファサードを描いたジュジョールによる立面図がある。古い農家の改修のせいか、外観もなにか重苦しいまとまりのない印象を与える。立面図にしてもさまざまな形態が

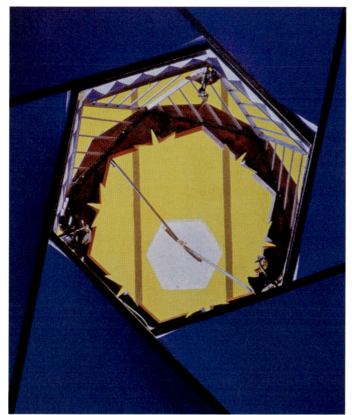

カサ・ボファルール内部螺旋階段見上げ。階段室内部は青く塗りつぶされ、望楼部の黄色い天井の対比が鮮やかである。

カサ・ボファルール外観。

混然として統一感が欠如しているようにみえる。また側面の擁壁はその頂部に任意に三角形の角が突出し、異様な騒々しいデザインとなっている。

　しかし、これはジュジョールが古いボファルールのマジア（伝統的な農家）をこわして与えた新しいファサードであった。それはスパン10メートルのアルコ・レバハードの巨大なポーチが、両側の段々に突出したレンガのマッスに

よって支持されている。このアーチの上にゴシック風の粗々しいギャラリーが展開される。スパン16メートルのこのギャラリーは2.5メートル間に補強コンクリートの円柱によってレンガの放物線アーチがあり、その上のスパンドレルと、上部の幾何学的パターンのアラビア風の味わいをみせるトレーサリーを支持している。そしてこの露わなレンガの構成によるファサードの両側にはスタッコが塗られ、開口部まわりには、ジュジョールが《カサ・ガリッサ》以来、洗練を加えたスグラフィティが踊るような形態によって施されている。

　このレンガの素面の端正な構成をこわすギクシャクとした左右の線の構成は、レンガとスタッコの仕上げの接点の形態である。ここに、アルベルティのルチェルライ邸のファサードの端部のおさまりを想起するのは思い過ぎであろうか。私たちはこのファサードに、ジュジョールが古いマジアの重い外観を救おうとして、内部と外部の間に挿入したファサードに対する意図と、外部の光景を建物の身振りによって享受しようという外部に差し渡された、内部のテラスとギャラリーの空間への彼の思いを理解するであろう。このファサードの面、あるいはその皮膜という意識によって生みだされたギクシャクとした線の構成にジュジョールの最も斬新な意図を感じざるを得ない。

　レンガの素面による巨大なポーチとギャラリーの構成を包み込むスタッコの膜のような、あるいはスタッコの膜を切り裂いて、レンガの素面の構成による粗々しい別の皮膚を〈外〉に露出させたようにも見えるそのファサードに、ジュジョールの建築に対する1つの態度を見てとることができるであろう。そして、このようなファサードに対する想念をさらに洗練させた作品が、次の年に建築された《カサ・ネグレ》であった、といえよう。

　《カサ・ネグレ》はバルセロナの郊外にある当時保養地であったサン・ジョアン・デスピにあったパラ・ネグレ・イ・ジョ

カサ・ネグレ階段室天井。

ベールの古い家を改修、増築した家であった。施主のネグレはバルセロナの弁護士であり、サン・ジョアン・デスピの出であり、この土地の名家でもあったが、その家は簡素で慎ましいものであった。ネグレはこの町に以前に建てられた、ジュジョールによる《トレー・デ・ラ・クルー（十字架の家）》(1913)に魅せられ、ジュジョールの溢れんばかりの革命的な装飾主義の数少ない熱狂者の１人となっていた。そこで、この古い家を改修増築することをジュジョールに依頼したのである。計画案は1914年にネグレに示され、それは青い封筒の裏にスケッチされていた。この仕事は1915年から始まり、内部の祈念室を終えた1926年まで約11年間かかったが、最初に改修の工事が始まり、次に屋根裏部屋を含む拡張工事が続き、そして最後にさまざまな装飾の仕事がやり遂げられた。《カサ・ネグレ》は全体的にバロック風と呼べる完全な様式的統一性をもつ建築としてまとめられている。この作品は、特に、主ファサード、食堂、更に階段と祈念室に力がこめられている。ジュジョールは絵筆を取り、夢中になって、疲れを知らずに、ファサード、食堂、階段、祈念室などの壁や天井を植物のモチーフで満たしたが、ペール・ネグレもこの仕事に対して一切干渉することなくジュジョールに全く自由を与えた、という。

　はじめに、内部について見てみよう。祈念室は長円形のドームがペンデンティーフに支持され、この部屋をおおっている。祭壇のバロック的豊饒さが彩色された織目紋様の濃密な装飾へと乗り移って、ドーム全体に展開される。この部屋に光を取り入れる壁にくりぬかれた窓まわりにも青や金色の装飾が施され

ている。祈念室の入口扉は独創的な形態をしており、それは布貼りであり、飾り鋲が打たれ、のこぎり状の小扉がついていた。この扉を見るとき、《グエイ公園》のグエイ邸の祈念室の扉もジュジョールの手によることを窺わせよう。また食堂においては、大胆な構成の階段が際立っており、この部屋を通って屋根裏部屋へと昇っている。階段は木製の、非常にシンプルな構成の手摺によって保護されており、手摺と段板の空間は斜めに配された十字架の手摺柱によって支持され、この木部と段板の施釉の陶器とのコントラストが清潔で斬新な印象を与えている。この階段室は壁と天井が海のような、空のような深い青色を主体として塗り込められ、白の植物紋様が8本の白い線の作り出す八角形の頂部の天使像のまわりを渦巻くように縁取っている。《カサ・ネグレ》の内部の壁面装飾は、《ティエンダ・マニャック》いっぱいに繰り広げられたフォルムと色彩の饗宴を思わせる。古い石造りの内部の壁面を、色彩鮮やかな内皮に変えたのである。そしてこの濃密な内皮の印象が、外皮としての《カサ・ネグレ》の主ファサードに反映されていくのである。

《カサ・ネグレ》の主ファサードは独創的であり、山の稜線に雲が群がる

下：カサ・ネグレ外観。
右下：カサ・ネグレのファサードのエスキス。改修の意図が窺われよう。

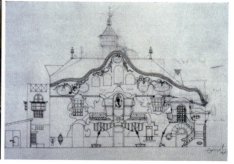

ような軒蛇腹の曲線が印象的である。そこに、群雲を背景として不規則に配されたメダイヨンに Ave gratia plena Dominus tecum（めでたし聖寵充ち満てるマリア）のラテン語の銘刻が刻まれ、《カサ・ミラ》のように道行く人に語りかけている。この主ファサードは神の母の

左上：ビスタベリャ教会内部聖具室。壁をノロをかけて仕上げ、布でふき取ったような独特なテクスチャーが見られる。

左：ビスタベリャ教会外観。ドームのレンガの素地仕上げと粗い石の外壁面の仕上げの対比が、この作品の特質の1つである。

祭壇塀として構想されたのであり、それは軒蛇腹頂部のマリアのアナグラムや中央のトリビューンのガラスにその像が描かれていたことによって強められている。そして群雲が風に舞い、ちぎれちぎれた雲がゆうゆうと壁面の開口部を白い花びらのように隈どっている。そしてこの主ファサードの中央部に昆虫のような細い鍛鉄の2本の湾曲した柱を大地にぶらさげたトリビューンが幌馬車のように、建築化された屋形船の屋形のように、快楽のためのユニット装置のように突出する。両側には両端に腰かけを持つ鉄の手摺のあるテラスが更に軽快感を与えている。その軒蛇腹や足許のプラスター・ワークは全体のシュールな表現と対比的に《カサ・ミラ》の天井を型取った人間の、神経の行き届いた精緻さを窺わせよう。トリビューンの頂部のひなを育てる鳥の巣の彫刻、逆台形の開口部、円窓の構成、内部に面した板戸に焼ゴテされた植物紋様などは、《カサ・ネグレ》の内部の濃密な形態と色彩の横溢が滲みでたかのようだ。このファサードのゆったりとした量感、〈内〉と〈外〉とを隔てる既存の分厚い壁の重さを軒蛇腹の曲線と対立する既存の家の軒の水平線と白いプラスターのスグラフィット・ワークが消そうと努めているが、なににもまして、このファサードに挿入されたトリビューンの軽みこそジュジョールが最も力を傾けたものであろう。《カサ・ボファルール》の〈外〉と〈内〉の間に挿入された重厚なレンガの表面のポーチとギャラリーはスタッコの皮膜をかぶせるという行為によって軽みを得ようとしたといえるが、この《カサ・ネグレ》においてジュジョールが創出した軽みこそ、ジュジョールが彼の作品に与えたファサディズムの1つの典型であったといえよう。

5 空間の皮膜としてのフォルム
―― 《トーレ・デ・ラ・クルー(十字架の家)》(1913)と
《カサ・プラネリェス》(1923)

　1913年ジュジョールは《十字架の家》を設計する。これはドーニャ・ジョセフ・メロウ・ジーベルト未亡人の夏を過ごすための別荘として依頼されたものである。彼女はサン・ジョアン・デスピに土地を購入し、ジュジョールがまだ学生であった頃、彼の思いのままに彼女の別荘をデザインすることを約束していたが、その約束が実現に移されたものである。この作品はジュジョールが意のままにデザインすることのできた作品であり、彼を最も満足させたものであった。

　この家は5つの円筒が相貫することによって形作られている。より大きな3つの円筒は同一のレベルで終わり、残りのほっそりとした円筒は異なる高さで突出している。この5つの円筒のヴォリュームが、2世帯住宅の機能を内包する。更に屋上階には屋根裏部屋を内包するドームが出現し、更に小さな円筒がそれらのドームの間に挿入されている。それらは屋根裏部屋から望楼に至る階段にあてられている。このように、異なる高さの、異なる大きさ、形態、プロポーションのドームと円筒がこの建築の頂部を飾り、その構成が全体的躍動感を与えている。ドームは青と緑を主体とする異なった色のガラスモザイクでさわやかな印象を与えようと努めている。そして、これらの尖端にそびえる望楼は、1つはこの家の守護神である聖ヨセフに捧げられ、もう1つはマリアに捧げられ、その頂部にガウディの作品と同様に十字架を冠することによって、この建築の名称となっているのである。

　主ファサード、後部ファサードのまわりにリズムを繰り返しながら、多様な形態の開口が展開される。バルコニーの窓、小さな出窓、縦長の大窓、矩

トーレ・デ・ラ・クルー(十字架の家)外観。

形の窓、長円形窓、小窓、円窓あるいは望楼部の横広の開口、壁面に穿たれた盲窓、ニッチなどがそれである。それらは、この円筒群の量感が閉じられたマッスではなく開かれた空間の内包するヴォリュームであることを全身をもって告げているかのようだ。そして、この躍動感のあるヴォリュームとリズミックに配された開口とさらに屋上やドームの上に、また窓に取りつけられた鍛鉄の手摺や手摺子の軽快な取り扱いが、それらがつくりだす直線や曲線のシンプルな組合せとその形態が更に全体に軟かな印象を与えている。

トーレ・デ・ラ・クルーの内部。階段室を見る。

　この建築の後部はガラススクリーンが食堂のトリビューンを形作っている。これは外へ投映されることによって外部空間を内部へ取り入れるための装置であった。建築本体の円筒から膨らんだ同心円状のガラススクリーンのように、これはこの背部のマッスの量感に軽みと薄さを与えており、屋上のヴォリュームの交錯と共に、ジュジョールの空間の取扱いが顕著に表れている部分である。

　内部に眼を移そう。内部は長手方向の直線の壁が2つの住居をシンメトリーに分割している。玄関に入ると1階には待合

室・ホール・通路・厨房・洗面トイレが
この最初の円筒に納められ、2番目の小
円筒は既に述べたように階段室にあてら
れ、3番目の円筒には食堂が位置づけら
れている。階段室へのアプローチのアー
チの上には、「Deu hi sia 神がここにお
わす」が、プラスターに刻まれている。
《カサ・ミラ》の天井のマリアへの銘刻
を刻んだ手の痕跡がこのアーチの波うつ
レリーフの縁取りにあらわれる。そして
この柔らかなレリーフ装飾は階段ヴォー
ルトにおいて運動感を高める要素に変わ
る。階段の側桁部に施された波打つレ
リーフは、鍛鉄の幅広の帯と手摺柱の間
に配された鍛鉄の小さな鋼棒と木の手摺の素材の対比によって
強調された螺旋上昇感を深めている。

屋上テラスの鍛鉄の手
摺。鉄の線材彫刻であ
る。

　2階には寝室群が配されている。屋階の3つの大きなドーム
の下に屋根裏部屋があり、それらは円形の広がりのある部屋に
なっており、そこから数段上ると屋上へと達する。ここには
ドームに寄り添うように、2本の煙突が螺旋状に身を振じらせ
る。そして鉄のグリルが円弧を描く見晴らし台から、また中世
の鐘塔に上る階段のような小さな階段によって導かれる望楼か
ら、ジョブレガット平野が一望でき、あらゆる方向に視界を開
くのである。私たちは《トーレ・デ・ラ・クルー》にジュジョー
ルの空間と形態に対するもう1つの考え方を見る。夏を過ごす
ためのこの家は、ここに住まう人の日常から離れた、心地のよ
い生活を過ごすための、さまざまな「小さな生きた機能」が発
見され、それに見合う人々の仕草や欲求に空間を与えることに
よって、それらの個々のヴォリュームが主張し合いながら、組
み合わさって、〈内〉から〈外〉へと、ヴォリュームを膨らませ

る。この〈内〉から〈外〉へ膨らんだ空間の皮膜こそ、この異なるヴォリュームと高さと大きさとプロポーションをもつ、ヴォリュームとマッスの複合的で特徴的な形態なのであり、ジョブレガット平野をのぞむサン・ジョアン・デスピの特異な建築として聳えたつのである。

　《トーレ・デ・ラ・クルー》が田園の家であるなら、この空間と形態の考え方を踏襲しながら都市生活者のための家として、バルセロナの街の一角に建ち上げられた住宅こそ《カサ・プラネリエス》といえよう。この住宅は、バルセロナの施工業者であり、ジュジョールの友人でもあったエベリオ・プラネリエスからの依頼によるものであった。彼はバルセロナをその名の通り、対角線状に横切るディアゴナル通りとシシリア通りの角に購入した土地を所有していたのである。いくつかの案がつくられた。

　第2次の計画案（1923年8月17日）は2階建てでガウディの建築を形態的思想的にも回想させる作品である。ガウディが《カサ・ミラ》を聖母マリアの台座と構想したように無原罪の聖母のモニュマンのこの家全体が基礎の役割を果たしている。ガウディが《カサ・ミラ》において構想したように、ジュジョールは《カサ・プラネリエス》において構想したのである。ジュジョールの案では屋根の高さで、マリアの像が天蓋によって庇護され、その天蓋の上にはイエズスのアナグラムが捧げられている。また、屋上のガラス張りのあずま屋は頂部が平らになったドームであり、マリアの文字を冠している。それはイエズスのアナグラムより低い位置にあるが、非常に繊細なものであり、ジュジョールの一貫したマリア信仰を示している。ジュジョールはいつものように最も微少なディテールにまで気を使う。主階のレベルの窓間の壁面はレリーフやスグラフィットによって装飾されている。マリア像を中心に「慈善」や「愛」やその他の言葉が表現されている。

内部は居住のための彫刻空間として考えられた。施主である施工業者プラネリエスの事務所が中2階にあり、召使が連絡できる独立した入口があった。各々の部屋の窓の下には、ジュジョールは内部から操作できる鎧戸の小さな換気孔を配置した。それらは窓ガラスを開けることなく容易に部屋の換気を行うことができる。しかし、この第2次案も、その彫刻的な芸術作品としての性格をもっていたが、住居に当てられる賃貸部分が非常に少なかったために変更された。すなわち、この敷地の収益性を高めるために、更に階層を増やさねばならなかった。そして1921年11月12日、この計画を1階、中2階、主階を含む3つの階と屋階のあるものとして、最終計画案がまとめられた。

　この住宅は主階がプラネリエスの住宅にあてられており、中2階が事務所となっていたことは既に述べた。そして、この計画において特筆すべきことは、さらに狭少な敷地の居住空間の効率を高めるために、メゾネット方式が採用されたことであろう。この処置によって、主階とその上の2つの階の計3つの階がこの方法によって床面積を拡張することができた。この空間効率の考え方から、各階のアプローチも螺旋階段が採用された。主階には随所に装飾的な要素がみられるが、広間の円柱の柱頭部の処理はジュジョールらしい軽やかさで優雅な取扱いがみられる。ほっそりした円柱が上昇し、天井に接しようとするとき、あたかも天井が渦巻きながら下方にプラスターの帯を円柱に巻きつけるように処理されている。この柱は上階の荷重を支持する構造要素であるが、それはまた、開け放たれた柔らかく弧を描くガラススクリーンのトリビューンの中央に位置づけられた造形要素として取り扱われたといえよう。屋階には施主の兄弟が画家という関係から、アトリエが計画され、この横広の窓をもつこの建築を完結させ、さっそうとした十字架がその頂上を飾る筈であった。また、トリビューン群の上にはマリア

カサ・プラネリエス外観。

のアナグラムを支持する小ドームが出現することになっていた。しかし、これらの計画も実現されず、ジュジョールは3階の工事半ばでこの仕事を離れ、彼の死後別の建築家によって4階と屋階が建設され、他のさまざまなディテールも削除されたのであった。

《カサ・プラネリエス》は、ジュジョール自身のスケッチに見られる装飾豊かな外観は既に感ぜられない。居住効率を高めるという姿勢がこの建築に切り詰められた端正な形態を要求したからである。しかし、この切り詰められた端正な形態という制限が、この建築の構造を単純化し、必要部材を最小限にすることによって、それ以外の部分を居住のための空間として還元する。メゾネット方式の構想がこの姿勢の一貫性を際立せている。ジュジョールはこの建築をその合理性だけで終らせることはなかった。《トーレ・デ・ラ・クルー（十字架の家）》の後部ファサード、円筒から膨れ出た円弧を描くガラススクリーンのトリビューンのように、《カサ・プラネリエス》の抑制のきいたマッスから繰り出される柔らかな曲面と曲線のトリビューンやバルコニーがこの建築のフォルムを決定する。このような、抑制のきいた面の扱いと、〈内〉から〈外〉へ繰り出されるヴォリュームの柔かな面の扱いとの対立が作り出す緊張感こそ、この建築に限りない魅力を与えるものであり、ジュジョールに惜しみない共感を寄せるカルロス・フローレスが述べたように、《カサ・プラネリエス》はジュジョールの作品のなかで最も優れた作品の1つであったといえよう。

6 結 語

　1929年バルセロナ博が開催され、ミースのバルセロナ・パビリオンが出現する。ジュジョールはクラシックオーダーに則ったスペイン広場の噴水を設計する。時代は〈ムダルニズマ〉から古典への回帰を標榜する〈ヌーサンティズマ〉へ移行し、数年後には、カタルーニャに鉄筋コンクリートの合理主義建築が誕生しようとする状勢にあった。この噴水には《ティエンダ・マニャック》から《カサ・プラネリエス》に至るジュジョールらしい自由な発想に基づく空間とフォルムの息衝きを感じることはできない。この作品には時代の趨勢の狭間に立つジュジョールの逡巡が垣間みえるようだ。ガウディの死後 (1926) ジュジョールの作品は急に精彩を欠くという見方があるが、この噴水も果たしてその1つの事例なのであろうか？

　ジュジョールは《カサ・ネグレ》以降も1930年代にサン・ジョアン・デピスにいくつかのつましい小品を設計している。右の写真はその1つ《カサ・ラベト》に刻印されたジュジョールのサインのスグラフィットである。平坦な面を区画するこの面のグラフィック的取扱いは斬新である。微妙なディテールにも拘わらず、《カサ・プラネリエス》において表出された造形の洗練と同質のものが、あるいは最も現代的な感覚がここに息衝いているのが感じられないであろうか。ジュジョールにとって、カタルーニャの建築思潮史にとって、ガウディの死は象徴的な事件であったであろう。しかし、それによってジュジョールの作品の評価を限界づけることは一面的にすぎるということをこの小品が告げているように思われてならない。逆説的に言うならば、ガウディ死後になされたこの小品のディテールをとおして、私たちは20世紀初頭に展開された

ジュジョールによる Jujol のサイン。

ジュジョールの個性的な作品のなかに、〈ガウディニスモ〉とも、〈ムダルニズマ〉とも相異する、最も現代的な感覚を鼓舞する空間と造形を生みだした1人の建築家の出現に出会うのである。

第3章

バルセロナ
〈カタルーニャ・ムダルニズマ〉を駆動させた建築家
ルイス・ドメーネック・イ・モンタネル

〈ムダルニズマ〉の建築家プッチ・イ・カダファルクは、1902年〈イスパニア〉誌に次のように書いた。

「当時、バルセロナは3つの学派があった。1つはエリアス・ロージェントの考古学的芸術の学派である。彼はリポーイのバシリカの修復者であり、ロマネスク建築の再建者、且つ歴史家であった。さらに自らの建築によって、フランスのヴィオレ・ル・デュックのカタルーニャにおける継承者であり、〈カタルーニャ・ロマンティシズム〉の体現者であり、カタルーニャ再生を目指す強力な政治運動の先駆者である。次に、マルトレイの学派は《サレサス聖堂》や《バルセロナ大聖堂のファサードの計画案》で著名である。ドメーネック・イ・モンタネルの学派は、彼の他のどの作品よりも、県会議事堂が助成する《カタルーニャ公立教育施設本部》計画案に体現されている。」

ロージェントはロマネスクを、マルトレイはゴシックを拠り所とする新中世主義の建築家である。この文章はプッチが〈バルセロナ建築学校〉に通い始めた1880年代当時のカタルーニャ建築思潮の動向を整理したものであるが、ドメーネックと

ビラゼカの1874年の《公立教育施設本部》のコンペ案が、次世代を担う建築の学生たちにいかに新鮮に受けとられたかを示している。

　カタルーニャでは、1870年代頃から、建築家たちのパトロンであった実業家を中心とする新興階級の人々（西インド諸島を足場に交易をして富を蓄積した人々のことをインディアノスと称する。彼らを含めたグエイ、ロペス、アルヌス、ヴァイス、タベルネル、バトリョなどの名家がその代表とされる）は、古い好尚を模倣するのをやめ、彼らの社会的ステイタスを象徴する各種施設（教会、慈善施設、教育機関、公共施設、住宅など）を彼らのおかかえの建築家に依頼して、新しいデザイン様式によって建築し始めた。それらの建築がI. セルダーの《バルセロナ都市計画案》(1859)に則ったバルセロナ拡張地域の各街区を形成するのである。

　このような背景にあって、この新しいデザイン様式を担う代表的な建築家こそ〈カタルーニャ・ムダルニズマ〉の旗頭としてのルイス・ドメーネック・イ・モンタネル Lluis Domenech i Montaner (1850-1923) であった。

　彼は1850年バルセロナで生れ、1923年73歳でバルセロナで亡くなる。1973年〈マドリッド建築学校〉を終え、建築家の資格をとり、1874年のコンペ入賞、そして《モンタネル・イ・シモン出版社》(1880) の実作以後《カタルーニャ音楽堂》(1905-1908)、《サン・パブロ病院》(1902-1910) などの代表作に到るまで創作活動を続ける。しかし建築家としての生涯を貫きとおしたA. ガウディとは相違して、ドメーネックの生涯は非常に多彩である。建築教育者として、1975年から〈バルセロナ建築学校〉の非常勤の教授を務めて以来、その後専任として1920年まで鉱物学、材料学、地形学、自然物理科学の建築的応用論、建築構成論などを教授し、1900年には校長の重責を果たしている。また、政治の分野においては、1869年詩人ピコ・イ・カムパマルが主宰する初のカタルーニャ主義者の政治結社

〈ラ・ホベ・カタルーニャ（カタルーニャ青年同盟）〉に参加、それ以後1887年〈カタルーニャ同盟〉の設立、1892年には〈カタルーニャ主義者連盟〉の会長となり、カタルーニャの自治の最初の指針を与え、長年カタルーニャの政策を導いた〈マンレーサ綱領〉を制定する。さらに、1901年、1903年にも国会議員に選出され、その後も〈地方主義者連盟〉の設立（1901）に関わり、1914年まで政治の第一線で活動する。1905年には『政治学』を著している。また芸術・文化の分野においては、1886年にプッチと共に『芸術全史』を著し、〈カタルーニャ・ルネッサンス〉において復活された中世の詩歌の祭典〈ジョックス・フローラルス〉の会長を1895年に勤め、またバルセロナの文化学問上の拠点である〈バルセロナ・アカデミー〉の会長を2期（1898/1911）果たした。1903年には国のサン・フェルナンド王立芸術院会員、また1921年にはバルセロナ文学会会員 Ateneu Barcelonés という最高の地位を得る。このようにドメーネックの生涯は、19〜20世紀初頭に亘るカタルーニャ史の展開に深く関わっており、この時期を代表する人物の1人として規定できよう。

　しかし、1914年の第1次世界大戦の勃発以降、建築の創作及び政治の第一線を退き、公職を殆ど辞し、カタルーニャ史とカタルーニャの紋章学を深める研究に専念する隠遁生活の中で、1923年その生涯を終えた。H.R. ヒッチコックは『19〜20世紀の建築』において、ドメーネックをガウディの特異な弟子として取り扱っている。史家において、カタルーニャの建築の近代化過程の情報が周知されていなかった証左といえる。しかし、昨今は〈カタルーニャ・ムダルニズマ〉とともに、ドメーネックについて、さまざまに言及されるようになってきている。まずは彼の建築理論面から論じていき、次いで彼の作品論を展開したいと考える。

1 新しい建築様式を巡って（19世紀後半〜20世紀初頭）

　1875年に〈カタルーニャ建築家協会〉が創設され、1880年から機関誌〈アヌアリオ（年報）〉誌も発刊される。カタルーニャの建築家にとっての関心は、19世紀の建築、20世紀に向けて志向すべき建築とは何か、あるいはそれを支える建築理念はいかにあるべきかであり、さまざまな論文や議論が展開された。

　I. レベントースは1872年「今世紀の建築」と題する論文を『ラ・レナシエンサ』誌上に発表する。各年代は進歩する文明の先例を追求し、さらに歴史的先例を自らのものとしながら、その利益を蓄えることによって、それらを凌駕していかなければならない。「過去の様式を研究することによって、私たちは形態ではなく、美的原則を、基礎的なものを、事物の成因を繰り返し追求していかなければならない。過去の様式研究を通して、建築自体が有する生命を失うこと無く、私たちの時代の写しとしての新しい様式を求めていくべきである」として、新しい建築創造の姿勢について述べる。

　「この視点から、建築材料が建築を性格づける役割の重要性は大きい。というのは、それらの属性および、組み合わせ、そして構造から建築的諸条件の主要部分が引き出されるからである。また、建築的効果についても重大な影響を与える」。レベントースは過去の伝統を学びながら、鉄という新しい建築材料を土台とする新しい時代の反映として様式建築を希求するのだろう。

　また、バルセロナにおいて1888年開催された万博を契機に、〈建築家国民会議〉が招集され、「建築において材料の性質と諸条件が、その芸術性、科学性、経済性の上に影響を及ぼす方式の決定」のテーマのもとに分科会がもたれ、バルセロナ万博における、また来るべき時代にふさわしい建築材料とそれに基づく様式について討議がなされた。この討議はマドリッドの

建築家も参加しているが、中心は〈カタルーニャ建築家協会〉の建築家たちであった。

　建築家ジョアキン・バッセゴーダ・アミゴー（1828-1938）が提言を行い、建築家パウラ・デル・ロサーノ（1828-1903）が討議を通して修正された提言をまとめた。バッセゴーダの提言は次のようなものである。

　「建築的構造体と統合する材料の性質および諸条件は、形態の原則を芸術的分野において決定するに足る要因ではない。というのは、形態原則はもっと高次の起源を持ったものであるからである。つまり、形態原則はこの作品が実現すべき理念に住まうのである。建築的理念を実現するためのさまざまなものを、審美上、静力学上、さらに予算上解決しようとするときに、建築材料の性質が影響を与える範囲内に限定されているという意味である。

　芸術的課題の解決には、2つの本質的な要素がある。1つは建築作品が表現すべき理念であり、それは建築作品の心である。もう1つはその理念を具体化する材料の物理的諸条件である。両者の完全なる調和ある作品の様式と記念建造物の性格が生まれる。また建築におけるその表現が美を生み出す。」

バッセゴーダの提言の結論は修正され、ビリャールが次の様に締めくくる。

　「それゆえ、現代社会における新しい理念、思想は実利主義的にすぎる性格のものであり、今日、材料の諸条件、諸性質が極度に重要視される一因となっている。何ら理念に意を払うことなく、材料を適用させるだけという誤った原則によって支持されている。19世紀にふさわしい建築形態をつ

くりださなければならない。

　現在、建築的構造体に最も深く影響を与える材料の中で、まず第1に鉄が指摘されなければならない。科学的芸術的な面からそれを研究し、抵抗力の特性と比較的施工し易い性質を考慮し、現代的性格をそれに与え、かつ、現代的なニーズを満足させる建築的構造体を結実させなければならない。」

　ビリャールの結論は、「19世紀にふさわしい」という射程の短い見解であり、鉄による科学的芸術的形態の獲得を強調したものと言えよう。

　ビリャールの結論によって削除されたバッセゴーダの文章は、当時の建築家たちが負っていた根本的な問題を浮彫りにする。バッセゴーダの要旨は次のようなものである。

　芸術的課題の解決には前述の2つの要素の他に歴史的伝統の思い出という要素がある。歴史上輝かしい諸様式は、理念の息子たる形態原則にかなった諸性質に従って材料を使用するときに誕生したとして、歴史諸様式の重要性について言及する。それゆえ、新しい建築様式を誕生させるために、新しい建築の基本となる材料を選択し理念としての形態原則をその材料によって建築作品に結晶させなければならない。しかし現状は材料の適用それ自体に力が傾けられる。というのは、求めるべき「理念」それ自体が欠如しているのである。

　この問題は1900年代に入って、さらに、芸術と科学の統一の問題として論じられる。アウグスト・フォント・イ・カレーラスは「科学と芸術——両者の、特に建築との関係」の講演論稿の中で、自然を通して芸術と科学について次のように論ずる。「芸術は自然の作用に印象づけられ、新しい美を生み出すために自然を模倣する。科学は自然の作用を称賛し、それらを規則づける諸法則を精査し、求めようとする。芸術は外的形態に専心し、科学は自然の構造を求め、物体の本質を私たちに知

らせる」。そして建築は、芸術における美的卓越性と、科学における構造的条件の関係の中に存する、と続けている。

　このような視点から、ギリシャ様式を芸術と、（自然）科学の素晴らしい均衡の典型であるとして讃美し、その建築構成の詳細を語る。さらに、ローマ様式、キリスト教建築、ゴシック様式、ルネッサンス様式などの歴史諸様式に順次言及する。彼は当時を「カオスと混乱」の時代として批判し、建築材料としての鉄の重要性を取りあげ、それを構造とする鉄固有の形態による新しい時代を切り拓く様式の出現を求めるのである。このように、19世紀後半から20世紀初頭にかけてのカタルーニャ建築思潮において、強い建築的理念の希求と、新しい建築材料としての鉄への傾斜の間に、理念としての形態原則の欠知が深く横たわっていた。

2　ドメーネックの「国民的建築をもとめて」(1878)

　ドメーネックは1878年、28歳のとき〈ラ・レナシエンサ〉誌に、「国民的建築をもとめて」と題する論稿を発表する。これはカタルーニャにおける一連の建築理念を巡る論究のなかで、最も整理され、広範に主題が追求された論稿といえる。彼は既に〈バルセロナ建築学校〉の教授の地位にあり、また新しい建築の担い手として、カタルーニャを含めたスペインの新しい建築様式、即ちスペインの近代建築像を論じたのである。

　この論稿を読み進めていくことを通して、順次6つの項を付して整理し、以下にドメーネックの求める国民的建築像を明らかにしたい。

◆1　問題設定

　「建築についての対話を通じて行きつく言葉は、またあらゆる評論の主要な問いは、ひとつの理念、すなわち国民的な近代

建築の理念をもとめて、あてもなく巡る。そして、この疑問が発せられるや、私たちは自らの意志に反することだが、次のように自問してしまう。今日、果して真の国民的建築を持つことができるだろうか？　近い将来にそれを持ちえようか？」。ドメーネックは自らも含めカタルーニャの建築家が置かれている状況と課題をこのように設定する。

◆2 歴史諸様式の性格

　「建築的モニュメントは人間の創造物の多くと同様にそれを産みだす理念、いかに在るべきかという心的な規範、最後に何によって形成するかという物理的な手段、並びにこの理念を完成する手段などのエネルギーを必要とする。芸術家は理念に順応し、建築形態は心的、物的手段に適応する。
　ある組織化された理念が一国を支配するときはいつでも、また新しい文明が浸透するときは常に、新しい芸術の時代が出現する」。

歴史的な文明は、必ずそれを体現する芸術文化を創造してきた。例えば、宗教的、宇宙創造的な雄大な理念をもつバラモン教によるインド文明は、エローラなどの石窟寺院を築き、共和制と神人にまで高められた人間に対する崇拝によって、ギリシアにおいてはパルテノンやテツセウス神殿が創造され、そしてキリスト教はその揺籃期においてラベンナの《サン・ヴィターレ聖堂》、ベニスの《サン・マルコ聖堂》、コンスタンチノープルの《聖ソフィア寺院》を残し、中世期には現世的救済の象徴的表現としての大聖堂を建造したようである。
　それに対し「確固とした理念、定着した理念のない社会、現在と過去の思想の狭間で、未来への思想に信を置くことなくさまよっている社会は、その歴史を恒久的な記念建造物によって

印づけることはない。理念が一時的なものであれば、記念建造物も一時的なものである。というのは、理念が記念建造物を生み出すからである」。

◆3 近代建築と国民的建築

それゆえ、私たちは国民的な近代建築を獲得するために、その土台である時代の確固たる理念を求めなければならない。しかし私たちは時代の転換期という困難な時代にいる。

「転換期において、絶え間なくさまざまな理念が相互に闘いあうとき、すべてのものの熱情が生み出す不協和音によって、真の建築の時代がさまざまな象徴であった壮麗な調和を発見するのは不可能である。

もし近代文明が内的な闘いによって、働き疲れていなかったなら（働き疲れてしまっている）、また民衆が自らの考えと芸術家に対する賞賛によって導かれるならば（導かれていない）、勿論新しい建築の時代が生み出されたことであろう（生み出されてはいない）。ゆっくりとした形ではあるが、芸術運動が生み出され、時代とともに新しい建築が生み出されたであろう。」

たしかに「今日のように、そのためにこれ程多くの要素の結合による調和が必要とされることはなかった。キリスト教によって手ほどきされた公平で、自由の理念はある国々で実行され、他の国々では実現され得ない熱望として、個人の精神から、さまざまな国々の政体に至るまでもたらされた。これらの理念以上に、形式や人事に関する問題は、この絶え間ない戦いを生み出す問いであり、この戦いにおいて近代社会は最良の力を使い果たしている。しかしこれらの理念が文明国の行政に、また文明国が満足させるべき建物の創造に惹き起す必要性は、

あらゆる種類の思想家によって受け入れられている」。

次に、近代文明の科学的進歩がもたらした新しい状況について言及する。

「古い文明は私たちに多くの知識と芸術的形態の宝庫を引き渡した。即ち、博物館は有益な教育的価値で満ちみちている。出版物が、バビロニア、ニーニベ、ペルセポリス、エローラ、メキシコ、テーベ、トロヤ、アテネやローマの廃虚に関する、並びにそれらの膨大な建物に関する完成したばかりの研究を急速に普及させた。そして、これらの建物を、工学的才能の絶頂において、1日にして建ちあげ、そして翌朝には破壊する。電気と化学によって補強された、それ自身では力のない、創造物の手が大理石の巨大な山を心ゆくまで破壊し、鉄は溶鉱炉で溶かされ、その強度を全的に発揮すべく制御する圧延機に抑えつけられ、捩じられる。また、力学的知識が既に建築形態の基本を決定し、既に音の調和の法則を決定したように、プロポーションや色彩の調和の芸術的諸法則を推量することを、熱心に示唆している。国家はようやく芸術家に国庫を開き、芸術家たちは現実の大地に彼らの理想的な概念を建ち上げる。すべてが建築にとって新しい時代の出現を予告している。しかし、次のことを告白しなければならない。私たちには好尚や確固とした考え方をもつ民衆が少ない。学校における装飾デッサンの教育あるいは、芸術作品の評価における習練が芸術的感情を与えることになろうが、そのような芸術的感情をもつ民衆が欠如している。そのような民衆がいたなら、アテネのアゴラにおけるギリシア人たちのように、建築家や近代芸術家たちを民衆の思想によって導くことができたであろうに。現代の建築家は満足させるべき芸術的、物質的必要性が際限のない、またそれらを解決するべき無限の手段をもつ複雑な近代文明の分野におかれてい

る。

　しかし、しばしば近代の芸術家は、彼の成長の時期に充分な教育を受けず、また時には、得た知識を応用する十分な能力を持たずに、彼は材料の支配者というより取り扱う材料によって逆に支配されていると感じている。私たちはあえて確証しないが、ある時代の後いつの日か、彼は文明が彼に日に日に引き渡していくあらゆる材料を彼の創作物に結びつけることができよう。このとき、学派の古臭い、無知な偏見に彼の創作物を結びつけるあらゆる緊縛を捨て、また、注意を惹くために想像力を見せびらかそうとせずに（民衆はいまに最も素朴な作品を評価する術を知ろう）、あらゆる過去の遺産の娘であり、継承者である近代建築は、あらゆるものを超越して建ちあげられよう。過去の遺産の宝庫と、それ自身が生みだす工業と科学の力によって立派なものとなろう。

　とはいえ、このようにして得られた建築というものは、今日まで存在してきたすべてのものと同様に、一世代の芸術であり、それはある文明を表現するであろうが、しかし一地域を表現することはないであろう。一言でいえば、近代社会の現実的な諸条件が与えられたとしても、真に国民的な性格を保持することはできないということである。一国家の固有な精神は、近代という一般的なタイプを改変できようし、また一様式を構成できようし、さらにその差異を設定できよう。しかし、様式の必須条件、即ち固有な建設システム、固有な装飾システムをもつ際立った（他地域とは異なる）芸術を構成することはできない。というのは、国境を通じて多くの知識の絶え間ない伝播、近代教育の同化の強大な力、また国々の組織の同一化などが、国民的建築を創造するあらゆる努力を無効にしてしまうから。ローマ芸術はその発祥地ゆえにローマ芸術と名称されているのではなく、ローマ文明を代表するがゆえにそう呼ばれているのである。現代の多様な必要性に

対応して、ある国家に新しい建築が創造されるとしたら、より速やかに、さまざまな理念を信条とする、類似した手段を所有するその他の文明国に拡大されるであろう。それは近代建築であろうが、国民的建築ではないであろう。」

　この議論の重要な箇所である。ドメーネックの述べる要点を整理しよう。今日、私たちは時代の理念をもとめなければならないが、近代の転換期といういまだかつてない程「多くの要素の結合による調和」が必要とされる困難な時代にいる。そのために、「形式」や「人事」の問題に近代社会は最良の力を使い果している。しかし、近代文明、そして近代科学の進歩といった諸条件のすべてが「建築にとって新しい時代の出現を予告している」。とはいえ、アテネのアゴラにおけるギリシア人たちのような、芸術的感情も豊かに、建築家や近代芸術家たちを彼らの思想によって導くような民衆の力が背景としてあるだろうか？　いや、それどころか近代の芸術家たちも、近代文明が近代科学の進歩が産出した材料を支配するどころか、支配されていないだろうか？　おそらく新しい材料を意のままに取り扱える瞬間からこそ、すべての古臭い学派の伝統の緊縛から解放されて「近代建築」が建ち上げられよう。それは「過去の遺産の宝庫と、それ自身が生み出す工業と科学の力によって立派なもの」となるであろう。

　ドメーネックはここで筆を置こうとはしない。しかしそれは現象的な一時代の、一文明の実現かもしれないが、それが現実的に立つ拠り所としての「一地域」の表現たりえているだろうか？　近代社会の現実的な諸条件が与えられたとしても、真に国民的な性格を保持することはできない。一国家の固有な精神は、他の国家とは相違する「近代性」を生み出そうが、それによって、その国固有の近代の「様式」を形成しようが、「様式」に必須の建設システムや装飾システムは、国境を越えて間断な

く伝播してくる知識、近代教育の普遍化、さらに近代諸国家間の類型化を背景として、自身の固有性を持ち得ず、それゆえ、他地域とは異なるアイデンティティをもつ芸術を一国が構成することはできないであろう。このような条件下で、「ある国家に新しい建築」が創造されたとしても、それは「近代建築」であっても、「国民的建築」とはなりえない、とドメーネックは主張しているのである。この主張のなかに彼自身の建築諸作品の性格や、ひいては〈カタルーニャ・ムダルニズマ〉の建築思潮の性格の本質が示されていないだろうか。

◆4 国民的な近代建築への試み

「近代建築」が「国民的建築」となるために、「地域に古くからつちかわれた性格や、その芸術的伝統、さらに気候や地質・地形などの風土の観点から、以下に探求される。

> 「国々のきわめて古い性格や、その芸術的伝統や風土が（理念的に同一の秩序に対応していたとしても）、2国家間の建物の必要性を、深いところで変化させうるのである。同一の建築理念を土台とするような差異は国家間や町々の間の、明確で相互に完全に相異なる性格や風土や伝統の各々一つ一つを眼に見えるようにさせうる。そして、現在のスペイン国家を構成する町々にとって、近代芸術においてすべてに共通するこの差異が、完全に構成されるようになる日はさらに可能ではないだろう。私たちの共通の芸術的伝統とはいかなるものであろうか？　私たちの共通の性格とはいかなるものであろうか？　どのような物理的手段を、国民的なものと私たちは考えなければならないだろうか？
> 　同一ではない歴史、同一ではない言葉、同一ではない法則、慣習、性向がスペインの多様な性格を形成した。非常に変化に富んだ風土、地形学的にその形成の時代も性質も非常

に異なる大地が、スペインの多様な地方を形作っている。そして勿論、このような環境から、スペイン南部における全般的にアラブの芸術的伝統の支配、スペイン北部におけるロマネスクの伝統の支配、また一般にいわれるように、アラゴンの古王国やスペインの古い中心におけるオジーブあるいはゴシック様式の支配、またオーストリア王朝やブルボン王朝の君主国の中央集権が生んだ町々におけるルネッサンス様式の支配が生れた。

これらの芸術的諸要素によって、他のどんな国の建築的統一性よりも最もスペイン的で、私たちがすべてに等しく快い建築的統一性を形成することは難しい。」

それがいかに困難であるか、その建築的統一性の可能な条件を比喩的に次のように述べる。

「ペラヨとウイフレドが１人の人物として考えられるなら、またロンセルバリェス渓谷の大激戦の勝利、セビリヤの征服、そしてギリシアへの遠征などが一国の認知された栄光となるとき、また力強い物静かなTcheco Jaonaの歌や、〈Compte Arnau〉のバラードが南部の灼熱と倦怠感の爆発によって絵のように美しい〈playera〉、あるいは悲しい〈アンダルシアの舞踏ソレダ〉を転調する歌として歌われ、理解されるなら、あるいは私たちのマジアの女性が、アンダルシアの目も眩むような光線のもとで、日に焼けた顔に良く似あう赤いカーネーションの花飾りを髪にさすことが習慣となるならば…。

最後に、ガリシア人の心的、実質的で堅固な性質、バスク人やナバラ人の強靭な信念、カタルーニャ人の活動性、アンダルシア人の器用さが私たちの１つの性格になるとき、あの建築的統一性を形成することができよう。

そして、すべてのこれらの事柄や他の多くの統一された諸要素は国民的な好尚や芸術に反映されることになろう。文明化されたギリシア、アッシリア、エジプトにおいて起きたように、同一の風土や同一の材料は、芸術家たちに一定の基本的な形態を使用させるならばである。しかし統一的な強力な要素はスペインには存在しない。南部の風土は殆んどアフリカの灼熱の風土である。カンタブリア地方の風土は、ヨーロッパの北方の国々に非常によく較べられよう。」

「地質学的な手段、従って、地形学的手段はまた、最も不統一である。」として詳細に以下述べているが、〈バルセロナ建築学校〉で〈鉱物学〉を講じていたドメーネックの面目躍如といったところである。

　「花崗岩や班岩の噴出は多種多様にスペイン全土にわたり地表面にその最も巨大な起伏を与え、また各々の地方に岩層の露出によるさまざまな質感の変化を与える。ここで完成させることはできないが、さまざまなスペイン人気質を、彼らを変える大地とそれを慎重に比較すること、すなわち、例えば精神的に同一の地方と考えられるガリシアとアストウリア地方を、花崗岩や片麻岩やシルリ紀の岩層という大地の絶対的優勢と比較することは興味深い研究であろう。さらにバスク地方とナバラ地方については、この地方の古い第2あるいは第3地層と、またカタルーニャ地方に関しては、小さなスケールで世界史をそこに作る地質学的変化によって複雑な全体を、またアラゴン地方やカスティリアの2つの地方については、それらを個々に形作る静かな第3紀の水域がつくる3つの巨大な湖とを、またアンダルシアの諸地方に対しては、最も古く険しい山脈の間を流れるグァダルキヴィール川とグァルデナ川によって肥沃になった、穏やかな第3紀あるい

は沖積層流域と、また構造用材や可燃材、大理石やさまざまな金属を与える変化層の大地を比較すること…。」

克服しなければならない地域間のあまりにも大きな相異があるとしても、このような外的な諸状況の総体的な検討を通して、私たちは「近代建築」ではない「国民的な近代建築」の建築的統一へと高められるであろう、とドメーネックは考えるのである。

◆5　19世紀の4つの建築諸思潮

近代建築、国民的建築を形成するための、芸術家や評論家の考え方としては、次の4つの諸思潮に整理されよう。

「第1の思潮は古いもので、ヨーロッパ全体に19世紀の初め頃広まった考え方であるが、古典あるいはギリシア－ローマという名称が、誇らしげに与えられた。現在の世代はギリシア芸術やローマの建築的配置と賢明な構造を知り、尊敬しすぎるきらいがあったが、それゆえこのような名前を受けいれ、建築的偽装を認めようとしなかった。ドリス式の壮麗な円柱、イオニア式の優美な円柱、優雅で豊かなコリント式円柱、それらは平面的に円形である。というのは、それらは個々の支持体として働くとともに、それらの支持体が一部を形作るポルティコにおいて、そのまわりに群集を循環させなければならなかったからである。また、それらは軽やかに高く建ち上がる。簡単な天井以外は支えていないからであり、確固とした大地の基礎の上にのっかっているからである。また、それらはその目的に賢明に調整された構造的肢体を構成していたが、擬古典的建築においては、その真摯な性格を失ってしまった。しばしばファサードの前に、オーダーとしての円柱ではなく、単なる円筒の棒の城郭のように、その形

態は何ものにも対応することなく、また構造的に何らの働きをすることもなく、円筒の棒の上に円筒の棒をのっけて、また他の場合には、ピラスター形式によってギリシアの好尚と反対に、それ自身の柱頭が押し潰されている。賃貸住宅のために利用されたある聖堂におけるように、それらの円柱の間に、秩序も調和もなく垂直線をこわすバルコニーや窓が現われる。ギリシア人たちがフルーティングを施し強調することに力を傾けたのに対し、あまり精確ではない円筒形はしばしば平滑なものとなってしまい、柱頭はギリシア人たちが数知れぬ程みがきをかけた傑作であり、決して彼らを満足させることがなかった傑作であるが、トスカナ風の退化した形態で提示されている始末である。

　破風は、古典様式の形態においては、その下部の隅々に不完全さを認め、アクロテリオンによって外見上の安定性を追求した建物の屋根の要素として提示されるのに対し、今日ではファサードの開口の上で、それは貧弱な形態によって埋め尽されている。いかなる様式のコーニスのモールディングを、ランバントがこわしている。ギリシアの好尚がこの欠点に与えた緩衝材もなしに……。しかし何故ヴィオレ・ル・デュックやブートミーや他の多くの人々の全集において一般化されたことを繰り返すのだろう。すべての国民を完全に無視したこの建築は、中世の優れた作品を良心なしにこわし、古典的感情を理解することなく形態を悪く模倣し、今日ではすでに死体であり、良く言っても不快なミイラである。それは歪められた形態と存在理由や生命や古典建築の欠如によるものである。しかしながら、こういった建築はなおも何らかの親派を持つことであろう。すなわち、他のさまざまな時代にそれを実行した人々の間で、あるいは現在を修正することもなく、未来の時代を準備することもなく、常に過行く時代を悔やむ知識人を気取る者の中にである。」

カタルーニャは19世紀に入って、他のヨーロッパ諸国におけるように〈カタルーニャ・レナシエンサ〉を視覚的に象徴する様式として、新古典様式を受け入れ、ジョセップ・ブイサルーの《クシイフレの家》や、ジョセップ・マスの《バルセロナ市庁舎の新しいファサード》などが建築された。ガウディも色彩の観点からこれらの建築を批判したにせよ、ドメーネックも擬古典様式としての新古典様式が中世の由緒あるバルセロナ市庁舎の建物を取りこわし、新古典様式のファサードを修正したことに象徴されるような事象に対して、強い憤りを感じてこの文章は書かれていることがわかる。

　「第2の学派は（折衷的であるが、尊重すべきである）、古典的伝統を努めて保存しようとする学派であり、その伝統を建物に適用しそれに生命を与えるように形作るのである。
　この学派は第1の学派と同様に、正確には国民的でもないし古代の古典芸術あるいは、真に知られている中世の真の研究の部分を形成するものでもない。この学派の主要な中心はドイツの学派である。この学派にとって、例えば墓地は様式としてエジプト様式あるいは、それらしい様式でなければならない。また、博物館はギリシア様式であり、国会議事堂はローマ様式であり、修道院はビザンチン様式あるいはロマネスク様式であり、教会はゴシック様式であり、大学はルネッサンス様式であり、劇場は半ばローマ様式で、半ばバロック様式でなければならず、かくしてすべてが様式的に僅かに変化したものである。次のことを告白しなければならない。この学派は多くの知識を持っているが、といってこの学派を支持しなければならないと考える必要はない。古い諸形態は私たちの現在の必要性とも、また今日の建設手段とも一致していない。それゆえ、この学派の作家自身、非常にしばしば伝

統に関する多くの知識や彼らの意図に背かざるを得ないように見える。利用すべき近代的な手段（例えば鉄の桁や柱）を隠してしまい、それらの手段は明らかにされるべきであるのに、現実的で価値のある必要性に対応するときでも、どうにかこうにか変装させてしまうからである。そしてまた、これは現代の世代にとって、非常に悲しむべきことであると考える。つまり、次世代がこの世代を判断するとき、前の世代は現在の世代に固有な形態を残すことなく、あらゆる記念建造物を奪うことができたにすぎない、といわれるように。」

　最後に、ドメーネックは中世のゴシック様式とムデハール様式を取り上げ、それらはスペイン固有の歴史様式であり、われわれが拠り所とするに値する様式であるとする。

「最後になったが、2つの思潮が理にかなっていると思う。それらは運悪くルネッサンス様式によって、建築上中断された、中世の伝統を継続しようという思潮である。これら2つの学派の第1のものは、ロマネスクやゴシックの記念建造物を、従って祖国の伝統として、私たちがカタルーニャにおいて最も代表的なものと考える、アラゴン派のそれを選択するのである。第2の学派はアラブ建築、あるいはその改変（修正）を選択する。これは建築技師たちがキリスト教社会へ移入したもので、一般にムデハール様式という名称で知られ、トレドにその実例が多く見られる。両様式が停滞した時代から3～4世紀しか経ていなければ、またヨーロッパの運動とは孤立していられたなら、それらは国民的建築の際立った2つのタイプを築くことができたであろう。1つは、おそらくスペインの南部、そして中央に当てはめられよう。またもう1つは、私たちの国の東北部の人々が採用することになったであろう。おそらく、この2つの様式は、統一される

ならば、克己することによって、第3の建築を形成することができよう。より率直に、理論的にも、感覚的にも、このような方法によって、道が築かれるならば、必ずや近代建築の輝かしい時代が訪れるであろう。」

次に、ドメーネックは〈マドリッド建築学校〉の学生であった時代の、トレドにおける思い出を語っているが、この論稿が既に学生時代から真摯に温められ、「国民的建築」あるいは自らが志向すべき建築像を課題として彼が引き受けていたことを示す証左であろう。

「大分以前、私たちはこれらの様式のモニュメントが豊富にあるトレドにおいて、それら一つ一つを熱狂的に研究した。トレドでは、毎日アルカサールのタホ川河岸の宿屋に川霧をぬって帰った。1日中研究されたものを深く考えながら、私たちはなされたことに対する賞賛と、なさなければならない事に対する（重圧から来る）失望とを感じとりながら。ところで第3の建築の構成は言ってみれば、非常に弾力的となろう。というのは、それらは相互の様式、ゴシック様式とムデハール様式を最大限に利用することができるからである。例えば、劇場の巨大なホールはどのようにアラブ芸術、あるいはゴシック芸術（そこでは垂直性の絶対的優勢が非常に顕著である）のプロポーションに従うのだろうか？　私たちは経済的、建築的に極めて合理的な法則にどのように従うことができようか？　私たちはこれらの諸法則によって、力学的に決定される新しい形態から、今日鉄を受け入れなければならない。さらに、巨大なホールの目的のために研究されていない形態に、それらを従わせなければならないならば、そのホールにおける音響的、視覚的法則が決定づける形態にいかに従うのだろうか？　私たちが実行するのに立ちはだかる、

また新しい形態が解決しなければならない諸問題のすべてを示そうとすれば私たちは終えることはなかったであろう。私たちはこれらの新しい形態を、ゴシックあるいはムデハールによって仕上げるために、いまだ私たちの創造力の貧困を露呈しているこの時代の4つの朽ち葉、すなわち4つの思潮を検討しなければならなかったのである。

　何故私たちの使命を率直に果たそうとしないのであろうか？何故新しい建築を準備しないのか？　それを形作ることが出来ないとしても、祖国の伝統から示唆を受けよう。これらの伝統が、私たちがその為に持ちあるいは得られる知識が不足しているために、役に立たないものであってもである。」

◆6 新しい折衷様式をもとめて

　新しい建築様式の希求を通して、ドメーネックは「国民的な近代建築」の概念を提示し、それを祖国の伝統的諸様式であるゴシック様式、あるいはムデハール様式を拠り所とし、さらにそれらの統一としての第3の建築様式を求めるように論を展開する。彼は新しい建築様式を創造する自らの使命を果たさなければならない。それは、歴史諸様式の外観的折衷ではなく、概念の折衷、すなわち歴史的諸様式が教授する諸原則に対応させて、自らの中に消化吸収することに他ならなかった。そして、このような努力によって、現在の、「建築的理念としての形態原則」の欠如を埋め合わせることが出来るのであろう、と考えるのである。

　「建築においてすべての過去の時代が私たちを教育する諸原則を認めよう。古典時代がそうであったように、構造に装飾形態を従わせよう。東洋建築の、水平線と、平滑で軽やかに仕上げられた大きな面の支配における堂々とした壮観さゆえに驚嘆しよう。それらはアッシリアあるいはペルシアの豊

かに装飾されたスフィンクスによって形成される壮大な装飾モチーフと対置されよう。エジプトの確固とした線の堅固さの原則を想起しよう。ギリシャ神殿の好尚の豊かさを獲得しようではないか。ローマ建築の配置の偉大さの秘密を勉強しよう。ある装飾と他の装飾とが結ばれた多数の装飾のシステムを研究しよう。再びアラブの装飾の明瞭な秩序づけに戻るために、最後にルネッサンスの素描の優雅さを、そして他の非常に多くの知識を勉強しよう。つまり、もし私たちがそれらを模倣するためではなく研究するならば、あらゆる過去の世代の芸術は私たちを救済するであろう。積極的に、これら厳格に検証された原則によって新しい経験と必要性が課す形態を広範に適用しよう。それらは形態を豊かに、すべての世紀の記念建造物と自然が私たちに提供する装飾的な宝庫によって、それを表現しよう。一言でいえば、過去をたゆみなく尊敬し、研究しよう。私たちが今日なさなければならないことを確固とした確信をもって実行に移そう。

　おそらく、私たちに対して告げられるであろう。これは折衷主義の新しい形態である。全ての良き教義を実践しようと努めることは、折衷主義であることである。空気、水、大地の植物のように健康生活を生きるために必要とされる諸要素を消化吸収することは、折衷主義になることである。また、全世代が私たちに勉強すべき良き事柄を残したと信ずること、それを研究し適用しようと望むことは、今日の欠如を埋め合わせることである。私たちは自ら折衷主義を確信を持ってここに宣言する。」

新しい折衷主義を求める芸術家にとって、その道は苦難の道であろうが、生み出された成果は、過去の様々な理念の海の一滴以上のものとなるであろう。自らを励ますようにこの論稿をドメーネックは締めくくる。

言語によって提示された理念は、実際の建築作品に反映されなければならない。それは、まずはじめにこの論稿が書かれてから2年経た1880年に現実のものとなろう。

3　ルイス・ドメーネック・イ・モンタネルの　4つの建築作品

　美術批評家A.シリシは、19世紀末をカタルーニャの建築諸様式の転換期と位置づけ、過去の眼差しへの移行を体現する作品として次の5つの作品を取りあげている。即ち、1873年から1883年にかけて建築されたアントニオ・ガウディの《カサ・ビセンス》を最初として、1883年に建設されたホセ・フォンセレーの作品であるビリャ・ヌエバ・イ・ジェルトルーにある《ビクトル・バラゲル蔵書記念館》。同じく1883年に建設されたドメーネック・イ・エスタパーの《科学アカデミー》、ホセー・ビラセカの作品であり、1884年に制作された《フランシスコ・ビダル芸術工房》、そして最後に、1881年に着工し、1885年に竣工したドメーネック・イ・モンタネルの《モンタネル・イ・シモン出版社》である。シリシはこれらの5つの作品を歴史主義と決別し、創造的な建築の理念を結晶化させた形態である、と述べている。

　G.R.コリンズとJ.バッセゴーダは、この時代の革新的な様式の特徴を、前出のビラセカとドメーネックの2つの作品に即して次のように概観している。

　「まず第1に、その特徴はこれらの建物の唐突で、マッシブな、そして幾何学的形態による構成が挙げられよう。その形態は主に矩形、立方体、三菱形であるが、円形や斜行的な要素との交錯もその特徴である。このような表現はフランス18世紀のルドーと彼の支持者である浪漫的古典主義者た

ちのデザインを思わせるものがある。また、もう1つの特色は、重いかたまりをファサードの軒蛇腹にそびやかすように、不安定な感じを与えながら積み上げていく傾向にある。この傾向の先駆をなすものは、ヴィオレ・ル・デュックの作品にも見ることができる。」

ドメーネックは、1877年「国民的建築を求めて」を発表してから3年が経過していた。彼にとって、その理念の具体化としての作品を実現しなければならなかった。そして、その最初の作品が、シリシが時代の変革期の5つの建築として取り上げた《モンタネル・イ・シモン出版社》であった。彼の生涯における理念との関連の中で、それらの作品に即してドメーネックの建築の創作態度を見ていくことにしたい。

◆1《モンタネル・イ・シモン出版社》(1881-1885)

《モンタネル・イ・シモン出版社》は1881年から1885年にかけて建設されたレンガと鉄による事務所建築である。この建物は連続する3つのゾーンから構成される。建物のファサードを構成する第1のゾーンは半地階を倉庫として、その上の2層が

モンタネル・イ・シモン出版社外観。現在は画家アントニ・タピエスの美術館となっており、鉄の線材彫刻はタピエスによるものである。

事務所にあてられている。その背後の第2のゾーンは鋳鉄柱の多柱室であり、トップライトをもつ中庭を取り巻くU字形の平断面構成の事務室、印刷室にあてられた空間である。そして最後に半地階の延長としての倉庫にあてがわれた第3のゾーンがある。

　主ファサードは、バルセロナの拡張地区のアラゴン通りに面して建ちあがっている。ファサードに用いられているレンガは、ドメーネックがそのデザインの中で、建築要素の構成および建築構造を明確にするために用いたいくつかのモチーフの一つにすぎない。つまり、ファサード全体を通して建築材料の位階的展開が見られると同時に、各材料はその特性に応じて用いられるのである。頑丈で重々しい石は土台を形成し、そこからレンガの付け柱が伸び、梁とジャックアーチと呼応し、その背後で2階の床を支持している。レンガの主構成の合間に、第3の材料である荒石が見える。またファサードの開口は、すべてその特性を生かした、しなやかに細工された鉄の飾り金物によって枠付けられている。ここには材料固有の性質に対応するリアリスティックな用法が見てとれる。つまり、構造強度について比較したかのように、支持するものと支持されるものとの間の明確な区別と、材料の間の対比が見られる。レンガのその素材を露わにし、また荒石と対比させる。バッセゴーダが述べるところによれば、このようにラミネートされた建築の表面は、アンダルシア・バロックによく見られるもので、イスラムから伝えられたものである、という。

　また、ファサードのもう1つの特徴はムーア様式を思わせる要素である。それはピラスターにおいては奇妙な朝顔型の鍵穴であり、また、ファサードを横断しているブラインド・アーケードである。このように、主ファサードは歴史諸様式のモチーフに満ちていた。

　この重厚なファサードに沿う第1のゾーンにおいては、中央

玄関ホールが注目に値する。それは3つの異なった矩形の空間が、垂直方向に展開されており、下方では色ガラスの円形透かし窓によって、また上方では天井が鉄の手摺のついた八角形のハッチによって穿孔され、その上の八角形のドラムの24の窓と、その上の天窓によって光がもたらされる。この場所には主階と半地下階に降りる中央階段がしつらえられているが、この上昇する垂直軸の構成と、上下階という2つの階への交錯する視線により多様な視界が展開され、開放的で複雑であるが分節化された、全体的な中心を構成している。この中心部は、つまり光と空間の調和という壮麗な空間展開と、建物を構成する諸要素を同時に理解させるという合理的な要請に応えている、といえよう。

　この主階段を登りつめると、半地下階から主階まで吹き抜けられた鉄とガラスの天窓によって明るくされた中庭があり、それを鋳鉄柱と鉄の梁と桁のシステムによる多柱室の大空間が取り巻いている。それはまた、新しい素材としてのガラスの間仕切りによって囲まれたホールであり、鉄の多柱室の大空間としての先駆的な試みであった。

　《モンタネル・イ・シモン出版社》は、レンガという素材を構造材だけではなく、それを隠すことなく造形的要素として使用する力学的構成に支えられた誠実な感覚と、金属材料の合成を巧みに利用した主応力の垂直さと、そのスラリとした線材の支持体とガラスの天窓による開放的な空間の明快さが特筆されよう。このように、近代が産出する素材や事務所建築という新しい機能的要請を巧みに解決した合理的手法の駆使と同時に、ファサード各部に顕著にみられる伝統的な歴史様式への傾倒も明らかに窺われる。このことから、この作品はドメーネックの「国民的建築を求めて」の論稿で明示された理念に基づいて建設された最初の作品であり、その形態と空間は、その理念の直裁な表現であった、といえる。

◆2 《カフェ・レストラン》(1887)

　《カフェ・レストラン》は、1888年にバルセロナで開催された〈万国博覧会〉時に建設されたレストラン施設である。平行六面体のレンガの巨大なマッスであるが、それに、東西南北に方形の平面の四隅の塔が組み合わされて全体が構成されている。西側に低層の翼部が突出し、その背後の前庭と一体化している。この翼部は迫高の低い二重アーチによって開口された特異な形態をもっているが、それはこの巨大なマッスに対する最初の透明なスクリーンであり、建築化された前庭と、街路の間の視覚的な連続性を作り出すことによって、この外部空間に建築的価値を与えるものである。同時にそれはまた、この建築にパースペクティブな奥行きを与えることに成功している。

　1階は食堂あるいはカフェであり、主階は周囲にギャラリーを持つ屋根まで吹き放ちの大空間のレストランとなっている。1階は翼部を通り、前庭を介してアプローチし、また、主階は北東側の主ファサードからアプローチし、それに接する主階段室を介して到達できる。

　主階の大食堂はこの建築の主要な内部空間であり、このレン

左下：カフェ・レストラン主階吹き抜け部。
右下：カフェ・レストラン外観。

ガの裸形の箱を支持する明快な構造によって固められている。この吹き放ちの大空間を支持するために、ドメーネックの意識は北西と南東側の壁面に集中する。1階では、八角形のレンガ柱の列柱が2列ずつ、長手方向に伸び、各々の柱は柱頭上で尖頂アーチによって結合されている。そして、その上に、ダブル・アングルによるラチス梁にレンガを抱き込んだこの合成梁と桁が格子状に主階の床を支持するとともに、尖頂アーチは両端部と中間2ヶ所で3連のピラスターとして変形し、主階における巨大な円筒状柱を受けている。そしてこの円筒状柱は、主階のギャラリー部分で2本の袖壁と一体になった縦溝柱に分岐し、この2本の柱を結ぶ巨大な柱頭部の上に、鉄帯とアングルによってラチス状に組み合わされた半円のダブルアーチによって屋根及び天井を支持するのである。主階のそれ以外の南東と北西側の面は二重壁扱いとして処理され、特異な形態のレンガの隔壁がリブ状に結合し、屋根荷重の水平力を受け止めると同時に、外光を柔らかく内部に取り入れる光の濾過装置の役割も果たしている。J.M. マルトレーイは「独創的な色彩をもった神秘的な光のこの豊かさは《カフェ・レストラン》の内部空間の最も個性的な要素の1つであったに違いない」と述べている。

　屋根天井面は、同じく鉄とレンガの梁が段上に中央に向かって、僅かに勾配を持って走っており、それらの間に架け渡されたボベディージャが屋根面を支えると同時に、屋根の水勾配を構成している。

　マリア・ルイサ・ボラスは、カタルーニャ・ゴシックの聖堂建築が途切れることのない内部空間を最大限に達成しようとして、できるだけ壁を外側に追いやり身廊の内側にバットレスやフライング・バットレスを組み込み、外壁面は平滑で露わな面として取り扱っていると述べ、その構造と空間の扱い方の伝統を受け継いでいる建築こそ、この《カフェ・レストラン》である、と述べているが卓見といえよう。

ファサードは，このような意味において、レンガそのままの広範で平滑な飾り気のないシンプルな面である。北東部のファサードは、その内側に2層吹き放ちの主階段室をその背後に控えており、伸びやかな造形要素にみちている。下部は巨大な曲率の小さいアーチによって入口が開口され、その周囲に配された雨水よけがその輪郭を強調している。その上に7連の尖頂アーチと矩形の開口を組み合わせた窓が穿たれている。上部は巨大な半円開口がこのファサードの強いアクセントとなっており、2つのレンガのマリオンによって3つに分割されている。この半円を取り巻く帯は周囲の壁面より面打となって凹んでおり、その段差を埋め合わせる放射状の突出物がこの半円開口を強調し、さらにその外側を取り巻く雨水よけの半円を輪郭づけている。また、この開口部の下部は非常に長い持ち送りのように対になって秩序づけられた突出部があり、水平の2つの帯と組み合わされている。滴受けのように雨水よけが途切れた、その下にある2つの突起は、この全体の構成の中でさわやかさを得る要素となっている。北西側のファサードは2つの突出する塔によって最も豊かなヴォリュームをもっている。両端の塔の間に突出したテラスが配されているが、このテラスに立つとき、人はおそらく、レンガの粗面を内壁とする内部空間にいるような錯覚を覚えるだろう。それ程に、抱きの深い、壁と開口による清潔な面構成が展開されているからである。

　上方においては、3つの同じ矩形の窓をもつ巨大な面が構成される。各々の開口は矩形であり、それらを分けるマリオンはレンガ造である。窓の上に矩形の凹みが面に柔かさを与え、その上に中央で分離した雨水よけが配されている。3つの窓のうち中央の窓においては、その上部中央に飾り金物が配されている。またテラスに面する下部においては、水平に連続する開口部に変り、稲妻模様の雨水よけと要石、そして、壁から突出したレンガのリブが水平のリズムを強調している。そして各ファ

外壁面に架かる横力を支持する連続する開口を持つリブ壁。

サードの上端は、腎臓型の白と青の陶板の紋章が水平に配され、その頂部は黄色の陶器の冠をもった鋸梁(きょだ)によって終っている。この陶器の色彩はレンガの重厚なマッスに軽さを与えようと意図したものであり、またこの《カフェ・レストラン》と関連のある銘刻を刻みこむことによってこの建物を性格づけようとしたものであろう。また北隅の塔は中世の記念塔風に、鉄製の精巧で特異な尖頂を天空にそびえさせている。

《カフェ・レストラン》は主要材料にカタルーニャの伝統的なレンガという材料を駆使しながら、構造面においては、鋼という新しい素材をそのままに、またレンガと組み合わせながら、多用している点は、「国民的建築をもとめて」における新しい材料を意のままに取り扱うことへの意欲の現われであろう。また、その反面、視覚的には尖頂アーチを多用し、また構造の概念においてはカタルーニャ・ゴシックの伝統を受け継いでいる姿勢や、カタルーニャの伝統的なセラミックを外部の造形のポイントとして用いている制作態度に、「国民的建築をもとめて」における単なる近代建築ではない、国民的な近代建築への希求の表現をこの作品の中に見てとることができよう。

◆ 3 《サン・パブロ病院》(1902-1912)

《サン・パブロ病院》はドメーネックが手掛けた最も大規模な建築群であり、バルセロナ市の中央病院として、旧《サンタ・クルス病院》の敷地に建設された。建設は2期に分けられ、ドメーネックはその第1期(1902-1912)に関わった。この敷地に最終的には48棟のレンガ造の管理棟、診療棟、病棟な

どが建てられることになるが、このような建築的、及び都市計画的配置がこの建築の1つの特色といえる。すなわち、ドメーネックは病院を計画する際、それを集中的な単位とするのではなく、外観上も人間的スケールを確保するべく、機能的に分棟化し、光や換気などの技術的問題を克服して、地下の巨大な回廊システムによってコミュニケーションをはかるという画期的な方法で解決した。

　各々の建築において共通している点は、構造的にカタルーニャの伝統的工法であるタビカーダ・ヴォールトを系統的に駆使し、さらにその表現に伝統的なセラミックの施粕タイルを自在にムデハール風の幾何学紋様をもつ装飾要素として仕上げているところである。

　中央管理棟を見てみよう。この棟は非常に単純な構成であり、中央の部位と90度の角度をなす両翼からなり、半地階とその上の3層構成によって成立している。中央の部位には、柱廊玄関、ホール、講堂、時計塔が重層的に配されている。両翼部は南側に開かれた広々とした通廊となっており、事務室がそれにそって配されている。そして、翼部の突き当りの大きな矩形の室は図書室－記念室、及び秘書室－資料室にあてられてい

サン・パブロ病院病棟外観。お伽の国風の温かな雰囲気を持っている。機能的には、病院の各棟を車も走ることのできる地下通路が連絡している。

る。

　玄関ホールは、大理石の円柱の上に載る秩序づけられた9つのタビカーダ・ヴォールトの構成である。その柱頭と基部は、八角形平面と花の装飾をもっている。石のアーチはわずかにその尖端が尖っている。9つのヴォールトは、大小5つは正方形平面から立ち上がり、残りの4つが矩形の平面から立ち上っている。タビカーダ・ヴォールトはペンデンティーフの上にのる球状ドームであり、引張材としての鉄がヴォールトとアーチの中に組入れられている。ドームは矢筈状にモモ色の矩形のアスレホタイルで仕上げられ、ペンデンティーフ部は、赤、白、栗色や黄色、そして青色のモザイクでさまざまな紋章が記されたメダイヨンが嵌めこまれている。しかし、ドメーネックが最も力を傾けたのは、このような装飾的な豊潤さをもつ空間であり、その空間体験の時間的移行としての空間的シークエンスであった。玄関ホールの側面に五角形の平面の部屋があるが、それは、この建物全体の高さいっぱいに吹き放たれた大階段室となっている。床や踊り場のレベルの分節化された配置、複雑に入り組んだヴォールト、色ガラスを嵌めこまれた八角形の頂塔などめくるめく劇的な空間が展開されると同時に、この五角形の階段室から翼部に到る最初の木製のガラススクリーンは、天井まで拡張された透明な光の空間を作り出している。

　図書室はまた、ドメーネックの偉大な空間の創造者としての資質を明らかにする。これは、約10メートルの高さをもつ矩形の部屋であり、中央に架け渡された横断アーチが9メートル平方の2つの部屋を平面的に分割している。ここでは、リブ・ヴォールトは驚嘆すべきデザインの複雑性をもち、新しい解釈のもとにムデハール様式の雰囲気を壊し出している。このヴォールトを支えるアーチには鉄の補強材が入っており、その端部は小さな三角形の形をした垂直の鉄が押圧力に対抗する。そしてこの美しい構造よりも更に着目しなればならないのは、

この空間における光の取扱いである。アーチ開口部全体を薄いパネル扱いとし、プロポーションの美しいタンパンとマリオンを浮き彫りにさせながら全面開口のガラス面となっている。「天窓からの均一な光ばかりでなく、内部空間の高さいっぱいの垂直性が強調された光」の取り扱いが、静謐で明るい空間を現出せしめ、色彩鮮かな2つのドームを浮かびあがらせている。このように、ドメーネックがこの作品にこめた空間への志向の意図が明らかにされた。

しかし、ここには《モンタネ・イ・シモン出版社》や《カフェ・レストラン》におけるような新しい素材としての鉄の使用は控えられており、内部と同様に外部に現われるタイルの陶器やモザイクによる色彩豊かなネオ・ゴシック的表現が顕著である。それゆえ、この作品は彼の「国民的建築をもとめて」における伝統的職人技能の再生に基づく、新しい建築様式への意欲のあらわれであったに他ならない、といえる。

◆4 《カタルーニャ音楽堂》(1905-1908)

《カタルーニャ音楽堂》はカタルーニャ自治運動を背景として設立された〈オルフェオ・カタラ〉の創始者ルイス・ミレットの指導の下に1905年、ドメーネックによって着手され、1908年に完成したオーディトリウムである。これは〈カタルーニャ・ムダルニズマ〉の中でも最も代表的な作品として知られる。

敷地は2面を道路に接した不規則な形態をしており、この敷地いっぱいに建物は建てられている。全体は階段室やホワイエのある垂直方向のサーキュレーションゾーンが客席部と管理部門並びに舞台及びリハーサル室などの付属諸室という3つのゾーンに分けられている。全体の構造は吹き放ちの舞台客席部門を取り巻くように、その当時において先駆的な鉄骨のラーメン構造の4層からなる。1階はエントランスホール及び

カフェ、そして管理諸室やリハーサル室にあてられている。管理諸室はガラス・スクリーンによって仕切られ、道路や中庭からの自然光が内部にまで届くようにしてあり、天井は伝統的なカタルーニャ・ヴォールトが採用され、客席部の床を支えている。建物全体の屋根は、この1階のカタルーニャ・ヴォールトに呼応し、コンサートホールの周囲の回廊部の柱に支持されたボベダ・タビカーダであり、ホール全体はそれらの柱と柱を鉄の桁が結び、それらをつなぎ合わせる小梁の間に、ボベディージャを架け渡すことによって支持している。この単純な構造方式の採用によって、周囲の壁体は構造的役割から解放され、巨大で華麗なガラスのカーテン・ウォールとすることができたのである。このガラスのカーテン・ウォールが内部空間を包みこみ、空間の連続的つながりを可能にした。この構造方式にともなう自由な平面の扱いが、後の合理主義の先駆とされた。

カタルーニャ音楽堂外観。

このような意味において、アルタ・デ・ラ・ペドロ通りに面する主ファサードの構成も特筆に値しよう。1階は、チケット売場やサービスの螺旋階段を内包する円筒状の柱による2連のポルティコが、主入口を構成している。主階においては、ほっそりとした円柱が対となってギャラリーを形成し、ホワイエとしての2層吹き放ちのミレット・ホールに開放されている。このギャラリーの円柱は、モザイクで装飾されているが、上部はレンガそのままの仕上げとなってアーチで結ばれ、また対の円柱も尖頂アーチとスパンドレル構成で結ばれ、4階のホワイエに対応する3つの半円のバルコニーを区切り、且つ支持している。さらにその上は、「オルフェオ・カタラ」をモチーフとするモザイ

クの壁画が展開されている。すなわち、このファサードの構成から、内部のヴォリューム、機能や、床のレベルが同時に読みとることができるのであり、また、このファサードの構成の奥に配されたガラススクリーンを通して、外部空間と半外部・半内部としてのギャラリーやバルコニーを介してのホワイエの内部空間といった、内部空間と外部空間の連続性が獲得されていることが理解されよう。

内部に入ってみよう。前述したポルティコをくぐると、木のフレームをもった玄関ホールのガラススクリーンがあり、鉄のアングルによって取りつけられたガラスの入口扉がある。玄関ホールに入ると、床が3段あがり、正面中央部にカタルーニャの紋章を配した花模様のガラススクリーンが配され、左右に対称形をなす階段が主階へと昇っている。このガラススクリーンの背後には、カフェがしつらえられてあり、この階段の中間の踊り場の壁も、ガラススクリーンとして取り扱われ、強い光をこの踊り場と階段にもたらしている。2階に到る階段の区画から、3階客席部のバルコニーがダイナミックに波うっているのが見られ、印象的な景観を与えている。そして主階においてミレット・ホールとコンサートホールの主入口に到る。

ドメーネックはこの建築を、非常に装飾されたガラスの箱として、また豊かに、光輝く透明な巨大な宝石として構想した、といわれるが、コンサートホールに足を踏み入れるなら、詩的直観によってそのことが理解されるだろう。ホールにおいては半円形の舞台のひろがりとその上部のパイプオルガンが最初に印象づけられよう。これを中心として、客席と3層構成のギャラリーが長く引き伸ばされた半円形状に取り巻き、ギャラリーはガラスのカーテンウォールを背景として、空間の中で軽やかに浮んでいるように見える。ギャラリー部分は、セラミックで上張りされた円柱が対をなして3層のギャラリーを貫いて立ち上がり、最上階では曲率の小さい尖頂アーチとして連絡し合

カタルーニャ音楽堂内部のステンドグラス天井を見る。

い、ホール側に面した円柱は、その頂部でひまわりの紋様の壮麗なセラミックのファンヴォールトのように開かれている。このガラスのカーテンウォールは色ガラスの花綱で装飾されている。そして、ホールの天井のところどころに配された彫刻家ガルガーリョの彫刻のバロック的ダイナミズムに呼応するように、緑色のセラミックのポベディージャによる天井の中央に、穿たれた色彩鮮かな天窓が際立っている。「それは吊りさげられた炎の球体のようだ。そこにおいては暗い赤、オレンジ、そして明るい黄色と栗色の色ガラスの円いレンズが、現実の火焔

と青い光線に変わり、それらは規則的な幾何学構成に配された40体の乙女の像の冷たい緑色や青、紫、白色の色彩の中に溶解している。」とデビド・マッケイは述べている。

　以上、詳細に《カタルーニャ音楽堂》について述べてきたわけであるが、この作品は構造のシステムや装飾の要素に到るまでの、鉄という新しい素材の駆使による建築様式の近代性と、トレンカディスの手法などのカタルーニャの伝統的職人技術の再興を意図するその国民性の両者が洗練され、自在に展開されたドメーネックの最高傑作といえるであろう。

4　結語

　「国民的建築をもとめて」(1878)は、ドメーネックが〈マドリッド建築学校〉の学生時代、ある期間トレドに寄宿し、そこでの研究生活を通して彼が身体で把みとったスペインの新しい建築様式の理念を記したものである。たしかに、19世紀末は建築の様式の変革期であったが、それ以上に政治、経済、社会の一大変革期であったことが意識されたことであろう。科学技術の進展を肯定しながら、しかしトレドで具さに見た建築群のゴシック様式、またムデハール様式の建築群を、スペインの新しい建築様式の基本として依拠しなければならないという痛切な思いは、「国民的建築をもとめて」の文章の行間に強くあらわれている。

　ドメーネックはこのような矛盾を、新しいスペインの建築様式の理念のもとに次のように整理しようとする。つまり、近代文明が産出する新しい素材や技術、科学的根拠に、新しい建築様式の「近代性」を担わせ、またその地域に根ざす伝統的諸様式や技能など、またその地域的特異性に新しい建築様式の「国民性」を特質づけ、さらにゴシック様式やムデハール様式を中心とする歴史諸様式の概念の折衷という高次の理念をもって、

「国民的な近代建築」、彼が希求する「国民的建築」を定義づけようとしたといえる。そして、彼の建築作品の展開はその理念の誠実な反映であり、素材の扱い方において、また空間の構成とヴィジョンにおいて、洗練かつ自在なものになっていく過程として把えることができるであろう。

# 第4章

ジロナ
中世都市の近代化を進めた建築家
ラファエル・マゾー・イ・バレンティー

　まずラファエル・マゾー・イ・バレンティー Rafael Maso i Valenti (1880-1935) が活動した街、ジロナについて述べなければならないだろう。ジロナはカタルーニャの建国の時期を同じくする中世都市であり、その属性を背景として近代化という問題と亙り合ったマゾーの建築家としての性格が深く関わっていると考えるからである。

1 中世都市ジロナについて

　ジロナ（ヘロナ）、カタルーニャ北部、湿潤カタルーニャの中核都市である。まず始めに簡単なジロナの略史と、城壁が残存する街について述べてみたい。ジロナはピレネーを通り、アフリカに至る歴史的ルートに密接した位置にあることによって、ヨーロッパからアフリカへの最後の架橋であり、アフリカからヨーロッパへの最初のブールバールである、と言われる。古代ローマのビア・アウグスタ街道の戦略上の位置から、紀元75〜76年頃ローマ人たちが要塞、即ち Gerunda を築いた。この言葉がジロナの由来である。3世紀ローマの諸都市にキリスト教が普及するが、ローマ帝国自身は476年に崩壊し、その後ビシゴート（711年まで）、アラブ（785年まで）に支配される。因み

にジロナは5世紀以降キリスト教の司教座であり、司教区の首都であった。

　ジロナ人たちは、スペイン辺境領の最初の核であったジロナ伯爵領を創設したシャルル大王に恭順する。そして、大王と亘りをつける形で、カタルーニャ建国の最初の王ギフレ伯爵が878年に、バルセロナ、ジロナの伯爵領を統一してカタルーニャの歴史が動くのである。それゆえに、中世に建国の起源を持つカタルーニャにとって、ジロナ県のピレネーの麓にあたるリポーイと県都ジロナはひとしおカタルーニャの人々にとってはカタルーニャ的性格を強く持って映るようだ。人々は例えば一方で夏季ともなれば南の海岸地帯に避暑に行くと共に、他方北の祖国を求めるかのように、ジロナへ、そしてさらに北方のピレネーの麓へと辿るのである

　その後も、カタルーニャ・アラゴン王国とヨーロッパ列強諸国との、またスペインの王位を巡るブルボン、ハプスブルグ両家に関わるスペインとフランスの、また収穫人戦争、グラン・ゲラにおけるナポレオン軍との戦争などのジロナは戦闘の舞台であり、包囲・攻防の対象となった。ジロナが置かれている位置ゆえのことであろう。自然の起伏を利した城壁を背景に、ラ・ジェネラリタート（「カスペの約束」以後創設されたカタルーニャ州政府の権限と官邸）の思想に立った徹底した抗戦の記録が残されている。カタルーニャ市民戦争（スペイン内戦とも称される）ではジロナは共和国側に立つことによって、完膚なきまでにフランコ側からの抑圧を受けた。このようなカタラニスムの剴い意志と、一方で進取の精神も併せ持っているのがジロナ人の特徴である。1182年にカタルーニャで市制を敷いた最初の都市であり、また1457年に市を統治する陪審員を選ぶ選挙制度を創設している。1843年には連続紙を生産する最初の工場の誕生、1857年には鋳造工場が出来、電気照明の普及を助長させるが、ジロナはこの点でも1886年に公共照明を敷設した

最初の都市であった。1443年に創設された大学は、1869年にジロナ自由大学、1993年現在のジロナ大学の創設に具体化する。現在は隣接する街々を加えると10万の人口を数え、産業の優れた発展も著しいが、中世のギルドの伝統を継承する商業も確固として存在し、老舗が通りを形作っている。つまり、古くは農業、そして近代では工業、そして現在は商業、サービス業がひしめく鉄道駅、バスターミナル、幹線道路を中心とするオニャール川左岸の拡張地域に対する、右岸の歴史的歩みと文化の積み重ね、そして諸様式の重合の果実であるその地域である。

　オニャール川に架かる石の橋を渡って、古い街区を歩いてみよう。ラムブラ・リベルタット通りは川に沿って走る市民生活の中心の通りである。中世期のファサードの家並みの下は、迫(せり)高(だか)の小さい長いアーケードとなっており、季節の良いときには素晴らしい戸外のカフェとなる。ランブラの延長上にアルジャンテリア通りがある。名前の通りギルド時代の金銀細工師や宝石商の店が現在も軒を連ねる。この2つの通りが合流するところミナリ通りとバッサドー通りがあるが、そこを通って、ギルド時代のジロナのラビリンスに紛れ込むことが出来る。メルカ

ジロナを流れるオニャール川と川沿いの家並み。

第4章 ◆ ジロナ　ラファエル・マゾー・イ・バレンティー　　083

デルス通りは時代を感じさせる、上に住居を頂くローゼスのヴォールトが架かる。ラス・フェレリアス・ベリェス通り、オリェス通り、ラス・カスタニェス広場やライムス小広場のこのゾーン全体は、いまだにその職の名前を持つ通りが一体化されて、職人たちがその仕事の手業と、成果物を道行く人に展示しているかのようだ。この奥まった場所は、前世紀初めの〈ムダルニズマ〉や、〈ヌーサンティズマ〉による影響も見受けられるが、多くの店が古い佇まいを見せている。この街区の右手にヴィ広場がある。市役所、県庁舎が面しており、ワインの市場が開かれたところである。独特なヴォールト、支柱、迫高の低いアーチが巡らされた、都市の気持ちの良いポルティコを形成する。この古い道沿いの交差点は、当時は宿泊所や馬車の停留所であった。その一角に突き出た建物は、カザ・カルラスと呼ばれ、18世紀に建てられた国王たちがジロナ滞在中の邸宅にあてられた由緒ある施設である。現在は司教館事務局である。また、面白いものとして、市役所の中庭には議場入り口となる15世紀の迫石アーチがあり、そこに17世紀に付加された頭上部に1本の樹が生えた、舌を噛む彫像がある。この意味は、市の統治者たちは多くのことを知り、しかしそれを語るときは思慮深くあれ、という格言である。同じ市役所の前の建物はカザ・バルセロで、スグラフィトの美しい壁と、ゴシック期の4人のジロナの殉教者たちの頭部のレリーフが目に入る。

ヴィ広場とシウタダンス通りのコーナーには、ジェネラリタートの建物（16世紀）がある。カタルーニャ自治政府の支部があったことでそう呼ばれており、優れたデザイン、優雅なプロポーションを持っている。現在は商

中世都市ジロナの起伏に富んだ階段状の街路。

店と、個人住宅にあてられている。ヴィ広場から、文化センターや市の美術学校のあるメルセー広場へ続くヌウ・ダ・テアトゥラ通りと、サグラト・コル教会へと至るラルバレダ通りが始まっている。

　シウタダンス通りは市の主要道の1つで、14世紀以来有力者たちが居を構えたところで、いまだ見た目には高貴な面立ちの威厳ある家々が立ち並ぶ。その中で12世紀に建てられ、14〜15世紀引き続いて立て替えられてきたフォンタナ・ドールは、ひときわ際立っている。1階がポルティコを持つロマネスクの建物であり、ゴシックの優美な建物が重合している。1972年に修復され、ジロナ銀行の文化センターで、芸術作品の展示や文化行事の本部で、その中庭はおそらく、ジロナの古い宮殿や家々の中に豊かに花開いた個々の庭園を垣間見せてくれる例であろう。ソルテッラ伯爵家の邸宅やカザ・マッサゲーなどの他の家々も改修を受けて、なおかつ個性ある歴史的な核に威厳を与えている。

　シウタダンス通りから、カルメリータス・カルサドス修院（現県会議事堂）へ続くサン・マルティ坂道や、ローマ、中世の市壁、古い洗足カルメル会修道院のあるサント・ジュセップ広場に至るリェブラ階段通りなど、雰囲気のある通りが出ている。シウタダンス通りが終るオリ広場は、その名の通り古くはオリーブの市が立ったところで、ベゲーの宮廷があったコート・レイアル通りと交差する。オリ広場とサント・ドメネク坂の角にはカラマニーの邸宅（16〜18世紀）があり、1913年にR.マゾーによってファサードがスグラフィットに変更され、中庭は下から眺められ、芸術のギャラリーに変わっている。このサント・ドメネク坂はジロナの特筆すべき都市核の一部をなすもので、勾配の強い石階段の上に彫琢されたサント・マルティ・サコスタ教会のバロックのファサードが立つ。この階段の徒次で、もう1つの階段道がアグリャナの邸宅の下の迫

高の低いアーチを通り抜けて分岐し、この建物を優雅に構造的に解決することによって2つに分けながら、方向のずれとヴォリュームの変化による効果的で、密度の濃い空間を形作っている。この坂道を登りきって、左に折れるとエスクラ・ピア通りがある。全体が階段であり、古い市壁を継承してジグザグ上に折れ曲がり、開口部の少ない、息の詰まるような雰囲気であるが、道半ばにアーチが横切り、ローマの要塞の基礎の上に中世の塔が立ち上がるといった、ジロナの自然の起伏と歴史的遺構を巧みに利した素晴らしい空間といえる。この道沿いは、R. マゾーの祖父であったマゾー夫妻が居を定めたところであった。
　オリ広場からジロナ大聖堂に向かうクレウス・ベイ小広場から、フォルサ通りが始まる。
　この小広場には古くはローマ時代の市の入口の1つと、古ジロナ構内を囲う中世の市壁の門があった。フォルサ通りは狭く、光を通さない丈高いファサードが続く暗い昇りである。
　イベリア・ペニンスラ半島の他の地域と結ぶ重要なルートの1つであったヘラクレス古道の上に敷かれており、ローマ人たちによってビア・アウグスタに変更された。紀元初めにジロナがローマの僅かな要塞 (Gerunda) だけであったときも、フォルサ通りはその構内の主要な幹線道路であった。市壁の入口から入口を結ぶカルド・マクシマス、つまりマヨール大通りであった。中世期に入ってもフォルサ通りの重要性は変わらなかったようだ。カザ・ブルゲスのような豊かな中庭や階段のある大邸宅がそれを示している。その中の1つであるカザ・リバス・クレウエットは、R. マゾーが1927年にヌーサンティズマ様式で再建している。
　フォルサ通りのもう1つの特徴は、889年から1492年までの6世紀間、ユダヤ人街 El Call の脊椎の軸であったことである。ユダヤ人たちのコミュニティがミクロコスモスのように設立されたこの街区の主要な幹線であった。ここに、600年間ユ

ダヤ人たちは彼らの集団的運命の残忍なエピソードを生き、人間の思考の重要なページを書いた。この街区は西欧で残存する最良のユダヤ人街区の1つである。彼らの歴史はユダヤ歴史博物館で再見される。カイの痕跡の中でフォルサ通りの右手にある細い階段のサント・ジョレンス通りや、クンダロ通りが際立っている。サント・ジョレンスは極端に狭く、殆んど信じがたい高低差をもっている。クンダロもまた、その形状とその道の部分をおおうヴォールトによって特異である。フォルサ通りからラ・パラの階段道を通してカテドラルが垣間見えてくる。そして、フォルサ通りの狭苦しさから、大聖堂広場の開放的な空間に突然注ぎこまれる。勿論ジロナの最も壮麗な光景であり、ヨーロッパの最も特異なバロック空間の1つである。

ジロナのユダヤ人街区の道筋。

大聖堂は静穏さと沈黙が取り巻き、垂直に塊として建ち上がる。そしてその存在の力で全てのプロポーションを超えている。大階段（1690年建築）は驚嘆すべき劇場性をもち、バロック的効果が最大に発揮される記念性を合わせもつ。広い広場と大聖堂のレベルの相違を補うばかりでなく、大聖堂が莫大な家具のように壮観なヴォリュームでもって広場を充たしたのである。この大階段が市民たちの出来事や宗教的行事の強制的な舞台、また大人数のレセプションや人々の集会の舞台に変ったとしても不思議ではない。

主入口を通って大聖堂に入る（14、15、17世紀にわたる建築である）。それは既存のロマネスク聖堂に代わって建設された。入ると同時に、その巨大な回廊にインパクトを受ける。世界のゴシック建築の中で最も幅が広い（22.98メートル）。その時代の建築芸術の唯一のモニュメントであり、回廊の彫刻、貴重なタペストリーなど芸術的、歴史的に貴重な資料に充ちている。

大聖堂の広場を過ぎ、サン・フェリウ広場が川に平行して、

古いCalderers（鍋釜製造職人）通りとBallesteries（石職人）通りに行ける。この通りもギルドの職人的な強い伝統を示している。R.マゾーが設計した彼の生家が現在、29番地に残っている。そして、ローマの切石積みの層の上に中世の壁が立ち上がり、それにもたせかかった家々の開口がみられる街。共和政下の市壁（1世紀）、ローマ帝国下の市壁（3世紀）、中世の市壁（11世紀）、後の市壁（13-15世紀）といった重層する歴史によって取り囲まれた街、ジロナ。

　以上のような古代ローマに発し、カタルーニャ建国の中世期から継続されてきた歴史都市の存在と、この事実が促す都市空間の魅力とその不動性、これらの事柄がこれから触れる、マゾーという建築家を形づくるものとなろう。

2　マゾーの人となりについて

　ラファエル・マゾー・イ・バレンティーは1880年カタルーニャ州ジロナ県の首都ジロナ（ヘロナ）市に生まれ、1935年同市において没した建築家である。マゾーは、彼の学友であるジュゼップ・マリア・ジュジョール・イ・ジーベルト（1870-1949）や、ジュゼップ・マリア・ペリカスと同じく、1906年〈バルセロナ建築学校〉を卒業し、建築家の資格を得る。このカタルーニャ芸術運動の転回点の年にマゾーら3人は建築家として自立し、自らの作品を形作っていかねばならない状況におかれたのである。「バルセロナ建築学校において、フォントによって教授された「芸術理論」より、また、ドメーネック・イ・モンタネルによって指導された「建築の構成」よりも、さらに、マゾー、ジュジョール、ペリカスの3人の未来の建築家は《サグラダ・ファミリア贖罪聖堂》の石のマッスに深い関心を寄せていた」、と、ホセ・ラフォルスは、「R・マゾーの思い出」で述べているが、彼らの当時の心境を伝える一

つの証言である。また、マゾーの研究者ジョアン・タルースは、1906年頃に建築家の資格を得た〈バルセロナ建築学校〉の同期生たちは、全体としては〈ムダルニズマ〉の崩壊の危機を生きながらも、また同時に、自らの方向を自由に選択できるパースペクティブの多様性を持ち、且つ、新しい思潮と様式を求めなければならない課題を負わされているという矛盾的な位置に置かれていた、と述べ、次のようにマゾーと同時代の建築家の姿勢について言及する。

「ラスパルとバルセルスは1905年に建築家の資格を得たが、彼らは〈ムダルニズマ〉の時代の延長線上を生きた建築家である。ジュジョールはガウディの作品の中に全身をもって捧げた。マゾーとペリカスはジュジョールの同期の学友であり、また、ガウディの讃美者であったが、ドイツやオーストリアの建築家たちの作品の影響をうけて、〈ムダルニズマ〉に対立する立場を表明する。最後にゴダイは、バルセロナの学校群の設計者として、1918年より過去の様式への回帰の潮流の先導者に変わる。」

このように、ラファエル・マゾーは彼の建築家としての活動を、好尚の変化の時代に始めたのである。マゾーについて、まずはじめに彼の生涯の概略を述べ、彼の建築と建築家としての性格を概括したい。彼は彼の父親ラファエル・マゾー・イ・パジェスが〈ヘロナ日報〉の主幹であり、画家であった関係もあって、大学時代から、ジロナにおいては、ザビエル・モンサルバジェやカルレス・ラオラなどの他の文学者とともに、さまざまな新聞・雑誌を協同で編集し、またバルセロナにおいては、〈ヌーサンティズマ〉の好尚を準備することになる〈モンセラット〉誌や、〈カタルーニャ〉誌などを詩人のジョセップ・カルネルやJ・ロペス・ビューらと協同編集する。また自らも詩

を書き、1905年にはジロナの文学の祭典〈ジョクス・フロラルス（Jocs Florals）〉において、また他のさまざまな文学の祭典において入賞するという文才を示している。1906年から、ジロナにおいて建築家の活動に入ることは既に述べたが、マゾーは自らの建築活動と同時に、ジロナの諸芸術の隆盛とそれを支える職人技術の再生に努力を傾けている。それは1911年のコロミナ兄弟との協同で陶器工場を主宰したことに実践されている。また、1913年には文学者モンサルバジエらと《アカデミー》協会を設立し、自らはその本部の設計をし、この機関を通じて、この時代を特徴づける展覧会、講演会、コンサート、詩の朗読などが行われ、ここに招かれた芸術家や著名人は、トレス・ガルシアやイボ・パスカル、P・カダフォルク、E・ドールス、J・グディオール、J・ジョンゲラスなど多数を数えた。

　また、熱狂的なカタルーニャ自治主義者であり、〈リガ（団結）〉の代表として市会議員を1920年から3年間務め、また〈リガ〉分裂後は〈アクシオー・カタラナ（カタルーニャ行動）〉の活動に参画し、1924年にはナショナリスタ団結行動に加わったために投獄されている。ジョアン・タルースによれば、マゾーは建築活動に入った1906年以降、ヨーロッパ建築思潮に深い関心を寄せていたということであるが、1912年、新婚旅行をかねて、スイス、オーストリア（ウィーン）、ドイツ（ミュンヘンとダルムシュタット）、イタリアを旅行したという事実はマゾーの建築とその解釈にとって、またひいては、カタルーニャ建築思潮史の展開においてもヨーロッパ圏との交流という観点から重要であろう。このように、マゾーの生涯は建築制作を中心にして諸芸術、文化、政治などの分野に亘り多彩である。

3　マゾーの旅行
―― ヨーロッパ中央における近代建築の胎動を求めて

　1912年1月末、マゾーはドイツ建築に関心を持っており、

旅行は雑誌で知るその建築を実際のものと比較すべき機会であった。ベロナやヴェネチアやフィレンツェを訪れたとしても、旅行の目的は基本的にはドイツ研究旅行である。彼は旅行中、友人モンサルヴァジェに旅行記録のように手紙を送付していた。ここで彼の旅行を日誌風に記述することで、ヨーロッパ中央諸国で起きている近代建築の胎動を、周縁諸国の建築家がその情報をどのように吸収しようとしているのかを詳らかにできると考えるからである。

　1月27日バルセロナ発、アヴィニョンへ。

　1月29日〜31日リヨンへ。Tapissos（段通などの織物）美術館に興味。また、この都市の洗練された雰囲気、家々や教会の暖房装置に関心を持つ。建物や商店の好尚。市役所で開かれた興味深い建築家の作品展を見、リヨンのためのトニー・ガルニエのプロジェクトのいくつかをそこで見ることが出来たようだ。

　1月31日ジュネーブ→ローザンヌ→チューリッヒ。

　2月2日サンクト・ガレン St.Gallen への旅行、そこで A.Fah に会う（学芸員で、彼はガウディに関する論文作者であり、ジロナ大聖堂の祭壇屏の研究でジロナを訪れていた）。サンクト・ガレンの図書館で「そこで最も実りあるものを得た。最良ではないが、彫刻され、エナメル塗りの七宝、象牙板状の装丁があった。」また Fah について、また市美術館の刺繍コレクション、ドイツ工芸・装飾を賛美。「バルセロナなんて思い上がっている。それ以上ではありえない。」

　2月4日シュツットガルト。「古いシュツットガルトを見た。何と喜ばしい！殆ど本来のものは残っていないが、心地よく良い味わいと好みで再生されたのである。」なんという新しい建築なんだろう。多くの利益を再生させるべく、多くの道徳的な確実さを発見できると考える。建築的発見の宝庫である。

　2月5日ダルムシュタット、そしてビーティッヒハイム Bietigheim、伝統建築の興味深い街。6〜7日まで滞在。ダル

ムシュタットでアレクサンダー・コッホ Alexander Koch（ミュンヘンの芸術誌『装飾芸術』の発行者）に会い、彼の案内で多くのドイツ新建築の全てを堪能する。「それは私たちの故郷にも是非紹介したいものです。」と述べている。コッホの計らいにより、ダルムシュタットのマチルデンホーへ村に行く際、家具、家具工場を見学。

　2月8日。ダルムシュタットからフランクフルトへ。

　2月9日ローテンブルグ。「ドイツの古い最も美しい村」、そこのホテルのコルデネル・ヒルシュに滞在。ホテルの内部意匠は「ドイツ工芸装飾」誌に紹介されたものである。今日、ガラス窓に依存するようになることを理解するだろう。……すべてが変革されていく。この進歩主義の国々の実践と科学によって課されたものが決定していく、とドイツの近代への動きに感動する。

　2月12、13日。ニュールンベルグ、そこのドイツ国立博物館 Germanische Museum に特に興味をもつ。ババリア地方とその他の地域の住居の12分の2が宙に浮かせて運び入れられたのです。

　2月14日、ドレスデン。ヘレラウ Hellerau の庭園都市にジュアン・ジョングラス Joan Llongueres（カタルーニャの音楽家、詩人）に会いに行く。この庭園都市でR. リーマーシュタット、H. ムテジウス、Th. フィッシャー、そしてH. テッセナウの作品であるジャック・ダルクローゼ教会（ダルクローゼはオーストリア出身の音楽教育家、作曲家）の建物に興味を持つ。ドレスデン美術館でラファエル、ボッチチェルリや、ホルバインの絵画を見、ヘレラウでドイツ手工芸工場を視察。

　2月17日より22日まで、ミュンヘン。そこでは工業博物館、絵画美術館 l`Alte Pinakothek に興味を持つ。「ミュンヘンの街を歩くこと自体が学校での勉強のようなものです。」

　2月23日。ミュンヘンからインスブルックへ。そして、イ

ンスブルックからベロナへ。

2月24日〜26日ベネチア、サン・マルコ教会に圧倒される。

2月27日ボロニア。彼の父親が法律を学んだ街。その大学のスペイン語学校を訪問。

3月2日、フィレンツェ、このイタリア中世都市で彼らの研究の旅は終わったと考えた。ウフィッチ美術館、サンタ・マリア・ノベッラ教会、フィレンツェ大聖堂。「私は凍り付いてしまった。一連の白黒の四角形の連なりのファサードに驚いてしまった。」ブルネッレスキには触れていない。

3月5日、ピサ。

3月7日、ジェノヴァ。

3月8日、ニース。そこではメントン、モナコ、モンテカルロを訪ねる。

3月9日、マルセーユ。

3月10日、ニーム。

3月11日〜16日まで、バルセロナ。モンセラットも訪問。

以上が旅の記録である。旅行の目的はドイツ近代建築と応用芸術の産業を知ることであった。建築の革新の中心、インテリアに関わる産業の中心はミュンヘン、ダルムシュタット、ドレスデンとウィーンであった。そこでは Werkstatte 工作工場ができていた。そこでは産業創出過程で芸術家と熟練した職人が交流し、地域の職人を革新し、産業自身を活性化させた。この点がマゾーに最も興味を抱かせたことだったようだ。マゾーが1912年ダルムシュタットを訪問した折、エルンスト・ルードヴィッヒ王子とダルムシュタットで職人の革新に協同するために、一連の芸術家たち、H. H. クリスチャンセン、J. M. オルブリッヒ、P. ベーレンスや他の人々を呼び寄せたエディターであるアレクサンダー・コッホのイニシアチブはその頂点に達していたのである。ダルムシュタットで製作されたものの多様な展覧会は非常に反響を生み、この街を国際的な中心地に変え

た。マチルデンホーヘにオルブリッヒによって建てられた芸術家村コロニー自身は次代のモデルに変わる。この建築がマゾーに近い世代のカタルーニャの建築家たちに強い影響力を与える。ラスパイ、プラナス・カルベット、あるいはマス・イ・モレイ程ではないが、マゾーも世界的現象に関心を持つ。マゾーの建築家の過程に見て取れるように、オルブリッヒのより構成的で、装飾の少ない、最も新しい作品を知ることが出来たことが窺える。マゾーが労働者住宅と庭園都市をプロジェクトした時、ヘレラウの経験が蘇っただろう。労働者の統合化の役割と産業促進の役割を持っていた。これがカタルーニャの〈ヌーサンティズマ〉が何を志向していたかのモデルとなった。また、マゾーは、ウィーンやダルムシュタットの芸術家村において、分離派のO・ワグナーやオルブリッヒ、ホフマンらの諸作品、またA・ロースの諸作品を実際の眼で経験し、自らの作品の新しい様式への拠り所とすることになろう。

1918年バルセロナのギャラリーで、ジロナで活躍する芸術家たちのグループの展覧会が催され、文学者モンサルバジエはカタログの序文に次のような一文を記している。「ジロナは中世の夢の昏酔によって、確かに静まりかえった都市であった。ルネッサンスの香のない、また近代性の微動もない。その芸術は、中世の英雄的偉業の重い平板によって蓋をされていると評されよう」と、ジロナ大聖堂を中心とする中世の城郭都市の倦怠について語り、現在この都市で繰り広げられている新しい芸術運動について言及するのである。そして、この芸術運動の後見人こそラファエル・マゾーである、とモンサルバジエは結んでいるが、この言葉どおり、ジロナ、という中世の伝統の重みにうちひしがれた都市を、新しい芸術的環境を切り拓くことによって、再生させようとした建築家こそラファエル・マゾーであり、彼が新婚旅行の名を借りてヨーロッパ中央の近代への胎動を感得するために旅たち、それとともに生涯をヨーロッパ

の近代思潮の尺度において建築家としてジロナ諸芸術の高揚に捧げた人こそラファエル・マゾーであった、といえよう。

4 ラファエル・マゾーの建築作品の展開

　ここではラファエル・マゾーの作品を年代的に図式化しようと試みるとき、本質的に3つの時代区分が設定できよう。つまり、マゾーが建築家の資格をとった1906年から1911年までの第1期、また、1912年から1922年までの第2期、さらに1923年からジロナで亡くなる1935年までの第3期がそれである。

◆1　第1期(1906-1911)

　第1期の作品は、〈ムダルニズマ〉の先達の建築家とは相異する、自らの形態言語を形作ろうとする意図にみちた最初の試みといえよう。作品としては、《マス・エル・ソレール》の食堂家具(1906-1907)及び改修(1909-1910)、《マゾー薬局》(1908)、《カサ・バトリェ》(1909-1910)、《アリネラ・テイシドール(アリネラ製粉工場)》(1910-1911)、《カサ・マゾー》(1911-1912)等があげられよう。

　《マス・エル・ソレール》の食堂家具は木と鍛鉄や布を組み合わせた丹念な、職人の手仕事の重厚さが際立っている。また、暖炉の銅版の打出しの装飾的なフードやプラスター壁の取り扱いや伝統的な陶板による壁面装飾とともにカタルーニャの伝統的技能を蘇生させようと試みた作品といえる。《マス・エル・ソレール》の改修工事においては、10数メートルに達するホールの吹抜の壁面の取扱いが注目に値しよう。壁面中央部に配された、陶片レリーフを基点として、線対称に2つのベンチが配され、その両側に出入口扉が設けられている。ベンチの端部から造形化された柱が上にのび、矩形の格子は梁と一体となって開放された2階ギャラリーを支え、その背後に、ステン

ドグラスの嵌め込まれた矩形の格子パターンの開口があり、その上に、馬蹄形アーチの開口がさらに3階のギャラリーとなって、このホールに開かれている。さらにその上部に屋階の部屋の開口部が、矩形の格子状パターンで整然と配されているのである。このホールの垂直方向の空間の拡がりに対して、ベンチ及びギャラリー及び開口という住まう人の生活行為に則した建築諸要素を、矩形や格子のパターンでその垂直性を強調している点が特筆されよう。

《マゾー薬局》は、マゾーのオリジナルスケッチに見られるように、バルセロナの〈ムダルニズマ〉の店舗デザインのように、曲線や曲面による花模様の華やかな縁取りに薬局を象徴する蛇や壺の形象が配されている。内部は鍛鉄や、ステンドグラスによるスクリーン、壁面や開口を縁取る陶板、木製の薬品棚の花模様のレリーフ、工芸デザインとしてのシーリングライトなどが多彩な素材とテクスチャーによって濃密な内部空間を形

左下:マゾー薬局ファサード。
右下:カサ・バトリェ外観見上げ。

作っている。

　《カサ・バトリェ》は既存建物の改修であるが、主ファサードの面の分割、側面ファサードの縦長の開口部のパターンは、この建築の垂直性を強調するリズムをもって配されており、多彩な紋様をもつ陶板が、断続的に上昇下降する軒破風を被覆する。

　この軒破風の取り扱いをさらに立体的、造形的に際立たせた作品が《アリネラ・テイシドール（アリネラ製粉工場）》であり、これは新しい製粉プラントの建設を意図したものであった。粗石、面取りされた平滑な石、鍛鉄、プラスター、そして多様な開口部形態を縁取る陶器といった多様な素材とテクスチャー、またオリジナルの立面図から理解されるように1つの面を、小さないくつもの面の積み重ねによって、リズミカルに主棟の陶器の尖塔に連続させようという垂直化の意図がうかがえる。

　《カサ・マゾー》は既存の3つの家を改築統合した作品であるが、ジロナを流れるオニャール川に面した裏側のファサードを構成するガラススクリーンのギャラリーが空間的軽快感を与えている。階段ホールは壁面、開口部、床のパターン、そして建具も含めて、木と陶器による厳格で構成的取扱いが写真からも理解されよう。

　「ラファエル・マゾーはカタルーニャ建築の中で、自らの

アリネラ・テイシドール外観。

第4章 ◆ ジロナ　ラファエル・マゾー・イ・バレンティー

制作の姿勢とした出発点は、アントニオ・ガウディとプッチ・イ・ガダファルクである。彼らはマゾーの師匠であった」と、ジョアン・タルースは述べている。彼らの影響はマゾーの学生時代のプロジェクトやその後の初期の作品に顕著である。プッチ・ガタファルクについては、彼のヨーロッパの建築動向の中でカタルーニャ建築を考える姿勢と、中世以来のカタルーニャの民衆芸術の伝統を保存、再生させようとする制作姿勢を、またアントニオ・ガウディについては、ガウディの形態の概念や、また鍛鉄、木、レンガ、石やプラスターなどの多様な素材の駆使における表現的なものをマゾーは取り入れた、といえよう。《マス・エル・ソレール》の食堂及び家具の設計、また《マゾー薬局》の内部、《アリネラ製粉工場》のファサードの象徴的形態などにおける、石や陶器や鉄などの材料の取り扱いにガウディの影響がみてとれる。また一方で、《マス・エル・ソレール》のホール、《カサ・バトリェ》のファサード、《アリネラ製粉工場》の光庭、《カサ・マゾー》の階段ホール、などにおける、非常に明快で且つ厳格な垂直のリズムによる形式の構成化と単純化の意図をとおして、Ch. R. マッキントッシュのグラスコー美術学校の空間構成、並びにウィーン分離派の影響が感得されよう。

このように1906年に始まる第1期は〈ムダルニズマ〉の継承と好尚の変革並びにヨーロッパの建築思潮との関連の中での新しい様式への希求といったマゾーの揺れ動く位置づけの中で、様々に影響を蒙りながら非常に多様な表現展開を見せた時期であった。

◆2 **第2期**(1912-1922)

1912年マゾーは既に述べたようにドイツ（ミュンヘンとダルムシュタット）やオーストリアを旅行し、そこでウィーン分離派と、その後の展開を直接肌で感じ、自らの建設制作の姿勢を再

確認する。1912年から1922年にかけての第2期は、マゾーがヨーロッパの先駆的な思潮と同時性を保持しながら、マゾー風の個性的な諸作品を創出した時代である。この時代の一連の作品は、芸術上、文化上、カタルーニャの建築に対して最も重要な貢献を果たすと同時に、また、それらはカタルーニャ文化の成果として19世紀末から20世紀初頭にかけてのアール・ヌーヴォーに平行する多様な芸術運動から1920年代に始まる合理主義建築の擡頭に至るヨーロッパの建築思潮に最も強力な役割を果したものといえるであろう、とタルースは高い評価を与えている。

　作品を見てみよう。《カサ・デ・ラファエル・マゾー》(1912)は既存の家を改修したマゾーの自邸である。内部における食堂の食器棚、寝室の収納家具や寝台などの一連の家具の意匠は、幾何学的な形態の組み合わせと

左下：カサ・マゾーの内部。グラスゴー美術学校の影響が感ぜられる。
右下：カサ・マゾー。オニャール川に面したファサード。

平滑な面の構成が特徴であり、J・ホフマンや Ch. R. マッキントッシュのインテリア及び家具の取扱いを窺わせるものがある。翌年、《アカデミー本部》(1913) が建設される。既存の倉庫の内、外部を修理して、芸術上のサロンとしてあてられた建築である。それはマッシブで、単純な形態による黙想的なアルカイズムを彷彿させると同時に、その五角形の切妻と、多彩色の様式化された陶器のテクスチャーによって壮麗化された古典神殿を思わせるフルーティング柱、さらに、民衆の伝統芸術から抽出された主題によるアスレホタイルの意匠などが特徴であり、〈ヌーサンディズマ〉の古典回帰の理論の最初の具体化である。おそらく、マゾーは諸芸術の総合が行われる場にふさわしい意匠として、この作品に古典的な相貌を与えたのであろう。《アカデミー協会》で催された音楽会のカタログのデザインは、そのグラフィック的構成によりウィーン分離派のポスター（1901）を連想させ、マゾーのヨーロッパの近代思潮との同時代性への意志を窺い知ることができる。しかし、この協会も、第 1 次世界大戦の終結、プラット・デ・ラ・リバの死 (1917) による不安定なカタルーニャ主義の均衡の終焉、スペインの経済危機によって起る労働者のストライキなどの社会的情勢の中で、1917 年解散される。この事実は、ジロナにおける芸術、文化の推進者であり、方向づけをするリーダーとしてのマゾーの公的な活動の最後を印象づける事柄でもあった。

　この期間を通じて、建築の形態と面における単純化と構成化の方向が強調され、さらに形態の組合せの変化が意図されるようになる。その実際の例としては、《カサ・マスラモン》(1913-1914)、《カサ・エンセーサ》(1913-1915)、《カサ・テイシドール》(1918-1922)、《カサ・ジスペール・ソーク》(1921-1923) の一連の住宅作品と《アドロエール兄弟薬局》(1915-1916) のような店舗の小品がそれである。

　《カサ・マスラモン》の主ファサードは、平滑な面を水平の

矩形の帯と頂部が半円アーチとなった垂直の幅広の帯が刳り抜き、水平の小庇、パーゴラ、軒庇が付属の要素として取り付いており、また1階主玄関は擬イオニックオーダーに支援された部厚い壁が半円アーチ状に刳り抜かれ、この曲線と呼応するように軒蛇腹が緩やかに波打っている。主ファサードはこのように平滑な面、水平と垂直の帯、曲線とそれに付着する紋様といった要素に切り詰められて、単純化され、構成的に取り扱われているのである。この単純化と構成的扱いは、裏のファサードはさらに顕著である。矩形の壁面に、正方形の窓、長方形の2つの窓、そして縦長に連続する窓が構成的に配され、1階のギャラリーには格子状に仕切られた立体の箱が突出している。ここでは特異な形態を作り出すことに重きが置かれているのではなく、面の分割と均衡せる構成から生み出される形態を創出することがはかられているのである。

《カサ・エンセーサ》はこの考え方をさらに強調し、矩形の壁面の分割と構成を徹底化し、その面構成の中に窓・開口が配され、波打つ軒蛇腹も矩形の面構成から切離された1つの構成要素として取り扱われている。

カサ・テイシドール外観。

《カサ・テイシドール》は、幾つかの縦長の面によってファサードが構成され、その各壁面の開口の構成は各々相違するが、階段室を内包する面に穿たれた縦長のスリットが垂直性を強調し、それは、隅角部にある円筒形のトリビューンの分離派の形態を思わせる象徴的な形態と呼応する。

《カサ・ジスペール・ソーク》の道路側のファサードの面構成は斬新である。大きな壁面は水平のレンガの帯によって

カサ・ジスペール・ソーク。正面外観。

1階の壁面と2、3階のより大きな壁面とに仕切られ、その上に屋根が柱に支持されて浮かんでいる。1階の面は2つに仕切られ、下部は粗石で仕上げられ、他はプラスター壁であり、その中央には半円アーチの開口が出入口となり、その上に水平のボーダーを切りとって、屋根まで伸長する縦長の開口が嵌めこまれている。それは、レンガのマリオン、施釉タイルのスパンドレル、木製格子の窓、そして屋階のバルコニーが一体となっており、面の単純化と構成的取り扱いを、多様な素材によってアクセントを加えた試みといえよう。

《アドロエール兄弟薬局》は小品ながら、マゾーの意図が直截に表現されている。マゾーはこの内部空間を水平と垂直の直線によって解体し、壁は水平と垂直の線による2次元の面構成である、薬局棚は2次元の面によって包括される空間に突出する3次元の水平と垂直の線の立体構成として提示することによって、形態の単純化と構成化を徹底することができたのである。テーブルと椅子も、その単純な構成における造形的要素として、この空間を引き締めている。

　マゾーの第2期のこれらの建築作品を貫くものは、その作品の質においてヨーロッパの建築思潮が、その当時希求していたものとの同時代性であり、垂直と水平の帯による開口部の構成と、モールディングや他の余計な付加物のない平滑な面構成のファサードの表現であった。「マゾーは建築における近代的で且つ融通性のある、すなわち近代世界の表現とその利用に適する新しい形態言語の創造に到ったのである。このことこそが、マゾーの近代建築への貢献なのである」と、J・タルースはマ

ゾーの第2期の成果を高く評価すると同時に、「形態展開のマゾーの努力は近代世界を形成する社会的、技術的革新に向かうのではなく、好尚の変革に対応するものであった」とその作品の性格についても言及しているが、このタルースの言葉はマゾーの第3期の建築作品の方向を示唆する言葉となった。

◆3 第3期(1923-1935)

　カタルーニャ建築思潮において、1920年代後半は既に述べたように、〈ヌーサンティズマ〉の古典回帰の理論を純粋に実行に移した。ルビオ・イ・トゥドゥリやドゥラン・レイナルスらによるネオ・ブルネッレスキ主義の建築作品、そして1903年代に入ると、合理主義・機能主義の新しい理論の普及活動が始まり、ホセ・ルイス・セルト、トレス・クラーベ、バプティスタ・イ・スビラナらの《カサ・ブロック》や《結核予防無料診療所》などの鉄筋コンクリートの現代建築が出現する。この20年代から30年代前半は全く相対立する古典と前衛が同居するという矛盾に満ちた、また1936年のカタルーニャ内戦を控えた政治的・社会的にも不安定な時代であった。

　マゾーは、この時期、《カサ・オメデス》(1924-25)、《エコノミカ・パラフルジェレンセ協同組合》(1926-27)、《カサ・コロメール》(1927-28)、《カサ・エンセーサの守衛室》(1932)などの個々の建築、さらに《テイシドオールの住宅地計画》(1928-27)、や《サガロの別荘地計画》(1933-34) などの都市的スケールの仕事を実現する。

　《カサ・コロメール》の主ファサードは、前面道路に向けて建ちあげられた矩形の衝立のような形態をしており、その中央部に2階から軒蛇腹に向けて長く伸びた矩形面が4分割されて嵌め込まれている。このファサードの内部は、2階から最上階の4階にかけて、2つの寝室にあてられている。マゾーは1階はこの建物へのアプローチのためのスペースとして取扱い、2

階から上を自由な面として残すことによって、彼のファサディズムともいうべき、平滑な面による単純化と、水平と垂直の帯による開口部の構成によるファサードを形作ったのである。このような意味において《カサ・コロメール》は第2期の思想をさらに推し進めたものといえる。しかし、主ファサードの水平の軒蛇腹を支持する持送りのような古典的な要素や中央部に挿入された縦長の面が内部機能と対応することのない建築要素として取扱われている点に、マゾーの第3期に置かれた建築状況のむつかしさをみてとることができよう。

《カサ・エンセーサの守衛室》は《ファグス工場》(1911-13) や1914年のドイツ工作連盟の工場建築のような、W・グロピウスの初期建築を思わせるものがあり、第3期の作品の中でも注目すべきものであろう。

《テイシドールの住宅地計画》や《サガロの別荘地計画》における住宅や別荘や宿泊施設群は、既にマゾー風といった、リジットな建築的構成の薄れた作品といえよう。しかし、これらの作品は景観的な視点でマゾーがカタルーニャの伝統技能、スグラフィットやプラスター塗りやテラコッタなどの取り扱いを再生させ、一般に普及することを心懸けたことに意義があり、マゾーの作品が最もより広範な反響を獲得したのはこれらの仕事においてであった。そして、晩年、1931年からマゾーは考古学の仕事に熱中する。発掘と修復の仕事を通してアラブの浴場や考古学通りの計画などに専心し、マゾーはカタルーニャ内戦の前年、ジロナで没する。

カサ・エンセーサの守衛室。ファグス靴工場の雰囲気を伺わせ、ドイツを中心とした建築旅行の影響だろう。

5 結語

　建築家ラファエル・マゾー・イ・バレンティーは時代好尚の変革期を生きた建築家であった。彼の特質は、〈ムダルニズマ〉の展開とその超克において、常に革新者としての立場を保持しながら、ヨーロッパの建築思潮との同時代性を強く意識してその活動を行ったところにある、といえよう。〈ムダルニズマ〉との分離を強調するために、建築的語彙の単純化を、〈ヌーサンティズマ〉の古典回帰の理論や、カタルーニャの伝統的な民衆芸術と職人技能を採用しながら、また、ヨーロッパの同時代の建築の前衛のさまざまな実験的試みに啓発されながら実践する。マゾーはこれらの中で、イギリスの地方建築家、特に、C.F.A. ヴォイジィや Ch. R. マッキントッシュや、またウィーン分離派では J・ホフマンや J・オルブリッヒ、そしてその後の A・ロースの諸作品に関心が深かった、といわれている。

　マゾーの建築語彙の単純化、すなわち、平滑な面による形態の単純化と構成的取り扱いの意志は、決して〈ヌーサンティズマ〉理論に基づく、ネオ・ブルネッレスキ主義風の歴史諸様式そのままの写しへとは移行することはなかった。それは好尚の革新と新しい様式を希求するマゾーには、建築様式上の退行としか映じなかったであろう。彼が〈ヌーサンティズマ〉の古典回帰の理論から洞察したものは、ブルネッレスキの《パッツィ家の礼拝堂》の作品を貫くような、平滑な面の希求と、その面の分割、構成における見事なプロポーションの取り扱いに他ならなかったであろう。古典作品の外面ではなく、その内面に一貫して流れる精神性を拠り所とした、好尚の革新と新しい様式への希求こそが、ラファエル・マゾーが担わなければならない課題であり、特にマゾーの第 2 期（1912-1922）の諸作品において実現しようと試みたことであった、といえよう。最後にマゾー研究者、ジョアン・タルースの言葉を引用して、この章を

終えたい。

　「要約すれば、ラファエル・マゾーの作品はカタルーニャ文化への、ジロナの最も重要な貢献の1つである。彼の作品のなかで、固有な調子をもつ、1912年から1922年にかけての諸作品は、その時代の最も進歩的なヨーロッパ建築の一部を形成し、それ故、今世紀の四半世紀のヨーロッパの建築史上にそれらは包含されるに値しよう。」

第5章

タラッザ
繊維業で栄えた街の建築家
ルイス・ムンクニル・イ・パレリャーダ

1 はじめに
——ルイス・ムンクニルについて

　ルイス・ムンクニル・イ・パレリャーダ Lluis Muncunill i Parellada（1868-1931）は、19世紀末から20世紀の最初の四半世紀にかけてバルセロナの北方タラッザ Terrassa において設計活動を行った建築家で、多様で、特異なデザインの作品の展開で知られる。彼は1892年バルセロナ建築学校を終え、タラッザの街で建築家としての仕事を始め、彼の職歴の殆どをこの街で終えることとなる。

　ムンクニルの家系はサン・ビセンス・ダ・ファルス（現在のマンレーザ市の近郊）の出であり、14世紀初頭では裕福な旧家であったことが記録されている。1868年2月25日クリストフォル・ムンクニルとナルシサ・パレリャーダ夫妻の次男として生まれ、1878年秋から1884年6月にかけて、バルセロナの聖イグナシオの中等教育課程に通い、その後バルセロナの建築専門課程に進む。1892年1月25日に建築家の資格を取得し、1895年にカン・パレット家の跡継ぎ娘アンヘレスと結婚する。建築学校の同期にJ. Ma. プッチ・イ・カダファルクがおり、1年後輩に「Arquitectura y Construccion」誌の編集長となるM. ベガ・イ・マルク、2年後輩にガウディの設計チームの構造面を

担当した建築家 J. ルビオ・イ・ベイベーがいた。

ムンクニルは1892年8月5日より選抜されて、タラッザの市の建築家の地位を得る。これが前述したタラッザとの生涯の関係のきっかけである。しかし、市を流れるパラウ川の運河開設の仕事に始まる公共の仕事も1903年までで、ムンクニルの個性と市当局の利益とが折り合わず、その後は民間の建築の依頼に応える建築活動に入っていく。こういった状況が、創造的な形態言語を生み出す発条となったようだ。そして、1914年初頭、トペテ通り68に設計事務所を開設するとともに、住いをそこに移した。その後、住居はプッチノベル通り13のパレリャーダ家の旧家に移すことになるが、そこはムンクニルが建築デザインをタラッザの街に刻印していく拠点となった。

彼はタラッザで建築家として200を数える多くの作品を生み出し、目まぐるしくそこで活動した。ムンサラット、ルビ、マンレーザ、ラス・フォンなどの周辺の市町村の建築家も勤めている。また、政治的には地方主義者集団 Agrupacio Regionalista 会議を主宰し、教育面では工業初等学校の教授補佐の職を勤めた。文化活動としてはサンタ・マリア教会の古代墳墓のなかに、4世紀初期の聖堂のモザイクを、またサン・パラ教会の祭壇塀の発掘に関わった。このように生涯をタラッザの街づくりにおける近代化過程に建築家として深く関わったと言えよう。そして1931年4月15日、40年の建築家としての活動を経て、プッチノベル通りの自邸で彼の生涯を終える。

2 タラッザについての略史

まずはじめに、ムンクニルが活動したタラッザについて述べる。タラッザはバルセロナから鉄道（カタルーニャ公営鉄道(FGC)）で30〜40分位の位置にある都市で、幹線道路も緊密に連絡しているといったバルセロナの衛星的な近代都市であ

る。その都市核の形成は中世期にまで遡ることが出来る。勿論人類史上の初源の痕跡もあり、イベリア半島を植民地化した古代ローマ、そのキリスト教の初期の遺構も残存している歴史的な都市でもある。

　中世期にはカステイ・パラウ宮廷を中心として防御の塔が立ち、それらを取り巻くように城壁が集落を囲い込む。城郭都市は、現在の市庁舎前のラバル・ダ・ムンサラット通りが北辺であり、マヨル門とフォント門をプラサ・ダ・マヨル広場を介して結ぶカレー・ミッチャーナ通りが東西の中心軸を形成し、カレー・バッシ通りが南辺であった。宮殿は中心軸の北東にあった。現在、防御の塔が残されている。

　もう少し詳しく中世城郭都市のタラッザについて見てみよう。市役所前の広場の南側の部分がタラッザの都市形成の嚆矢である中世のビラ・メディエバル・ダ・タラッザ la Vila Medieval de Terrassa である。マヨール広場 Plaza Mayor（現在の Plaza Vella、昔の広場という意味のベジャ広場である。）と宮殿 Castella Palau と名誉の塔 Torre del Homnatge を核にして、カレー・ミッジャ通り（現在のカレー・マヨール通り）がポルタル・マヨール門とポルタル・ダ・ラ・フォント門を結ぶ。そこから現在のフォント・ベジャ通りが続いている。マヨール広場から北に伸びるカレー・ダン・アイメリック通り Carrer dEn Aymerich はカレー・クレマット通りに代わっているが、そこにはポルタル・ダ・ラ・サント・パラ門がかかっており、そこから現在のサント・パラ通りが始まり、さらに新しいヌー・ダ・ラ・サント・パラ通りがサント・パラ教会堂遺構群に連絡している。アイメリック通りから分岐するカレー・ダ・ラ・ビラ・ヌー通りは現在も同じ位置にある。道沿いにムンクニルの電力工場や、住宅作品が残っている。マヨール広場から南側に下る、カレー・ダン・モステレロル通りも、カレー・ダン・カンテネー通りもフォルン通りも、それらを繋ぐカレー・ダ・

バッシ通りもその名を維持してほぼ同じ位置にある。

　また、中世期には城郭都市の周囲は谷であった。タラッザは東側に大きなラス・アレナス川が蛇行し、西側にはアレナスに合流する小さな河川のパラウ川が境界を画している。このように、近代都市は中世以来の歴史的骨格を強く残している都市と言えるだろう。

3　近代化に向けて

　19世紀末にバルセロナ-マンレーサ間の鉄道開通に伴うタラッザへの鉄道敷設は、市の経済的な発展を徴づけ、隣町のサバデルとともに毛織物産業の中心地へと進展する。この交通機関の発展やバルセロナとの幹線道路のコミュニケーションに伴う工業化の推進、原料の輸入や商業の推進が加速する。近代化と都市化は勿論公共水道の整備、紡績業におけるジャカード織機や自動紡績機の導入、政治における繊維業に関する保護政策が連関し、都市発展とそれに伴う人口の増大といった一連の現象とともに、タラッザの発展を推進する。

　タラッザの近代化と都市の改造は同時に進展する。19世紀の最初の四半世紀に先程の中世都市の城郭と市門の取り壊しがその出発点であり、最初の市の建築家であったJ. バプチスタ・イ・フェウ・イ・プッチが都市改造の先鞭を取り、1875年には建築家ミケル・クレットが最初の拡張計画にともない、パラウ川の整備に着手した。また、機能の多様な施設、文化的施設、産業に連関する工場、倉庫などの需要に対し、バルセロナの建築学校で建築家の資格を取得した多くの建築家たちが、ムンクニルが担当する以前の役割を果たしていた。

　1911年、安価住宅（労働者の住居）に関する法令が発布される。その法令は産業発展に伴う急激な都市化とそこに流入する労働者の住環境に関するもので、特筆的には衛生環境を優先

的に取り扱う方針であり、ムンクニル自身は既にそれ以前に、1901年最小限住居の多様な提案を行っていた。彼が次代の推移に直截に対応できる実践的な建築家であることを示す1つの証左でもある。

　市の建築家であったルイス・ムンクニルの時代は、タラッザ市の全体計画では中世期以来存続してきた都市核の再建、パラウ川西地区およびバイ・パラディス（直訳すると天国の谷）の東地区の都市化の3つの主題があった。都市核では旧広場の北側の再生計画で、ムンクニルはカフェ・コロンを設計する。また、パラウ川の運河開設に着手。橋の設計に関わる、市の執行部と意見の食い違いもあったが、20世紀の最初の四半世紀においても、市の建築家の地位を確保していた。さらに市の南部への拡張計画、バイ・パラディスに市の公園を建設する計画に関わっている。

　そのような社会の近代化のなかで実践的に対応するとともに、ムンクニルは1914年、論稿「近代建築 Arquitectura Modernista」を著している。彼の同時代に対する建築理論の表明であった。ムンクニルは同じ時代の〈カタルーニャ・ムダルニズマ〉の建築家たちを「誇張化されたムダルニスタたち」とし、有機的で構造的総合のガウディの流れを擁護して、「ムダルニスタ」を決して認めなかった。ムンクニルの近代建築観は、有機主義と命名されよう。つまり建築は生きた有機体として理解され、建築を有機体の概念として捉えるゆえに、建築は生命的で、原初的な統合体における諸部分の総合の概念に基づかなければならない。そして、この概念の根底には神の創造の反映のような建築を暗示させていることで満たされており、生命体に向けてすべてが機能的な意味をもつ総合体であるという、解釈がなされた。それは機能的、芸術的と並び、構造上の観点より、さまざまな構成要素を調和的にまとめ上げるものである。有機体理論の論旨の背景には、カタルーニャの建築家た

ちに影響を与えたフランスの19世紀の建築家、建築理論家であるヴィオレ・ル・デュック（1814-79）の思想に負うところが大きい。

　人体のフォルムと建築のフォルムの関係性が、彼の論稿に記載されている。「人間の姿には真っすぐな線はなく、大地の表面も然りである。それらすべての表面は柔らかい曲線で構成され、機能とも調和する。そして、所々の要素に息吹を与える。——まさに、生きている、生ということである。」

　ムンクニルの建築を考えるとき、材料と建設技術は重要な鍵である。彼のもとで協働した建設工匠パウ・ゴリナによれば、彼は素材の性質を良く汲み取り、その素材に伴う技術に新しい建設技術を複合したことである。たとえば、煉瓦のタビカーダ・ヴォールトに鋳鉄の柱や鉄の引張材を組み合わせた仕様などである。「近代建築」の理念は、その意味で同時代的に生産される素材と、それに見合う建設技術を駆使することで、建築における理念的なものが、近代という時代背景をつうじて近代の建築として実現されると考えた、といえよう。

4　折衷という理念における3つの様態

　ムンクニルが200に及ぶような作品を残しているが、大きく分けると3つの様態に分類できると考えられる。すなわち、歴史主義的作品、ムダルニズマ的作品、最後に合理主義的作品の系譜がそれである。

◆1　歴史主義建築の系譜

　ムンクニルがバルセロナ建築高等技術学校を卒業しているように、当時の建築家教育とはさまざまな歴史諸様式の習得が必須の要件であった。ある建築家は古典様式をみずからの作品の系譜として表現するものもいるようにである。また、一方で建

物には各々性格があり、公共建築が果たさなければならない品格を歴史様式の引用という形で表現することも19世紀には建築家の素養として求められていたと言える。

　ムンクニルにとって、20世紀初頭に始まる《タラッザ市庁舎》の仕事は後者における試みであっただろう。矩形の壁面の上に三角形の尖頂部が時計塔のように挿入されて、突出しているネオ・ゴシック様式のファサードを形成している。ファサードは3層に垂直方向に分割され、1階では中央部が3連の尖頂アーチのポルティコがあり、アトリウム上の玄関ホールへのアクセスの役割を果たしている。2階ではバルコニーが付され、壁面に5連の尖頂形の開口部が豊かに装飾が施されて、穿たれている。中央の大きな開口部の背後は、市長室となっている。3階は中央部にカタルーニャの紋章を配し、壁面を4つの窓ごとに区画して整理し、ピナクルを各区切り毎に載せている。市庁舎の中心でもある、議場は2層分のヴォリュウムとして配されている。議場の木製の格天井はこの時代の精緻な職人技術を伺わせる。

上：タラッザ市庁舎外観。
下：タラッザの公共建築。カタルーニャの大学群の1つとして使用されている。

　〈カタルーニャ・ムダルニズマ〉を批判する形で、古典様式への回帰としての〈カタルーニャ・ヌーサンティズマ〉という建築思潮が始まるが、それを受ける形で対応した作品を、ムンクニルはカフェ・コロンやグラン・カジノをデザインしている。

　一方はネオ・ゴシック、もう一方は古典主義の系譜につながる相反的な嗜好ということになる。一般的には、古典装飾に対する不信がロマン的精神性を導き、それはゴシック様式への回帰へと繋がった、と言われる。ムンクニルにとって、様式は学

カザ・バラータ外壁面の植物レリーフのスグラフィット。

ばれるべき知識であって、建物の性格に合わせて知的に操作すべきものだった、といえる。

　この歴史主義的作品にみられる繊細な自然主義装飾に腐心した作品も一つの特徴と思える。当時のこの自然主義装飾に関連して、フランスのヴィオレ・ル・デュック、イギリスのジョン・ラスキン、オーギュスト・ピュージンの影響が大きい、といえる。カタルーニャには彼らについて、セブリア・モントリウ、アレクサンドラ・ダ・リケー、建築家のジョアン・マルトレイを介して紹介された。その典型的作品には、サン・パラ通りの植物の枝や、植物の他の諸要素が浮き彫りされたファサードをもつ《カザ・バラータ》を挙げることができる。同時に、より抽象性に満ち、より個性的なファサードデザインの作品ともいえよう。これらの作品には、植物的な生命感や、それに伴うリズムも感ぜられてくる。歴史主義的作品はこうして、既知の様式の外貌を越えたムンクニル的と言える作品に昇華するのである。

◆ 2 〈カタルーニャ・ムダルニズマ〉期の作品系譜

　ムンクニルにとって、バルセロナで隆盛を極める〈カタルーニャ・ムダルニズマ〉は批判の対象であったことは既に述べた。M. フレイシャによれば、この思潮は 1900 年のパリ万博におけるアール・ヌーヴォーの栄光をたたえる傾向によって助長された、と述べている。「建築雑誌はこの新しい動向を知らせ、バルセロナではカタルーニャの建築家たちと芸術家たちの間に、大きな影響を及ぼした。さらに、1904 年のマドリッドで開催された建築家国際会議が果たした役割は大きい。」とい

う。

　この曲線や曲面を恣意的に建築の形態に与えていくこの運動に対し、ムンクニルは放物線アーチや放物面ヴォールトによって乗り越えようする。学校時代の同期でもあった建築家ジュアン・ルビオ・イ・ベイベーを介して、ガウディ作品のまねびが実践されたようだ。《マガツェム・アラグラ》や《マジア・フレイシャ》に代表される放物線アーチを駆使した、個性的な形態をもつ作品がそれらである。他に、《ラ・トッラ・ダ・ランジェル（ランジェル邸）》、《地方主義者協会会館》もその系譜上にある。

マガツェム・アラグラ倉庫外観。

　《マガツェム・アラグラ倉庫》は3層のカテナリーアーチで構成される、シンプルだが強度が感ぜられるファサードをもつ作品である。1階はまったく異なる2つのゾーンに分割され、上階とは2つの階段で繋がっている。2階へは広い方の階段で連絡し、もう1つは鉄骨の小さな螺旋階段である。大きなホイストがあり、保管する材料の移動に利用する。1階には事務所がおかれ、上階は倉庫に当てられている。1階の天井は鉄の梁の間にボベディージャが架され、2階部分はねじられた引張鉄によるボベダ・タビカーダで覆われている。ムンクニルの手は、ドアや窓の木工細工や階段の手すりの優雅さを生み出し、錠前の念入りな金属細工も評価されよう。ドアや窓の取っ手は繊細な形態をもち、バルコニーはシンプルで、湾曲したフォルムとなっている。

　《マジア・フレイシャ》は、ムンクニルという建築家の作品の特質を表す代表作の1つといえる。これは現在、市の観光関連の諸室が置かれている。その前は、一時、音楽学校の役割も果たしていた。白いプラスターで仕上げられた外観は、放物線アーチの回廊やポルティコ、壁に穿たれた特異な形態の開口・

上:マジア・フレイシャの外観。
下:マジア・フレイシャの屋根の詳細。ガラスの砕片がキラキラ輝く。

窓によってより印象的である。この作品の成立の経緯の中に、驚くべき建設手法が隠されており、この作品をより一層魅力あるものとする。

　この建物はフレイシャ・イ・サンズ商会のものであり、タラッザの産業機関が犇めく地域にあった。商会はアルパカ製造のための新しい工場を、ガリレウ通り、ドクトル・ウレス通りとザメンホフ広場の間の空地に建設すること決めた。既存の工場建築の適用という背景があった。タラッザ市歴史資料館には、ルイス・ムンクニルが商会のオーナーであるジョセ・フレイシャ・イ・アルジェの所有する倉庫の補助的な付属事務所等を建設するため、彼のサインがされた建築確認申請図が保管されている。1899年12月18日と記されている。《マジア・フレイシャ》へのアプローチの入口玄関が言及され、そこにはパビリオンがあり、右手には守衛小屋が、左手には馬小屋と車庫があった（これは1960年代まで残っていたが、現存しない）。このパビリオンはレンガタイルで仕上げられた大きな建造物であり、大

きな入口は抱きに太い柱の構造があり、バスケット・ハンドルアーチが架されていた。

改修案の記録によれば、まずはじめに2階のない平屋の水平的なシンプルな形態が考案された。1907年に行われた。1910年の記録写真では、建築の中央に2階が足され、ミナレットは未完の状態である。全体は1913〜14年に塔の頂部の飾りで竣工したようだ。

改修の記録を分析すると、《マジア・フレイシャ》は既存建物の精細な改修ではなく、驚くことに既存を包含する重ね合わせの改修であることが分かる。古い工場の、接合金物と楔で堅結された木製の小屋組みの瓦葺の切妻屋根が、そのままに保存されていた。なおかつ、既存壁の臥梁に引張鉄で補強された煉瓦のタビカーダ・ヴォールトが乗る。さらに内部壁に平行に、玄関と連続する窓を配置するために新しい壁が囲い込まれている。古い工場を拡大した形で、改修がなされたのである。

外観は屋根を覆う半球状の連続するヴォールトが水平方向の視覚を強く捉え、壁は白く塗り替えられた。屋根のヴォールト仕上げのために用いられた材料は、濃い暗灰色の、ガラスの砕片を含んだモルタル塗りであった。

南側は8連の歩廊をもつ放物線アーチのギャラリーとなっている。波動の形態をとり、ムンクニル自身が開発した砂礫を押し固めた煉瓦が使用された。各格間は全体屋根の形態と調和する小半球ヴォールトが架されている。ギャラリーが西側では、大きなスパンのアーチとなり、他よりも突出したヴォールトが架される。開口部は放物線状であり、格間の1つでもあるエントランスの大きなポーチだけが際立っている。東側に、建物が付加された。既存の工場建築から唯一はみ出した部分である。

マジア・フレイシャの内部。放物線アーチの開口部。

開口形状も違い、その上には水槽が配されている。付加した2階は、台所、遊戯室、使用人の部屋に充てられる。全体は頂塔をもつ1つの大きな複合的なドームとして構想され、さらにミナレットと同様の建築にオリエンタル風の雰囲気が与えられている。

ムンクニルはタビカーダ・ヴォールトをより自由に取り扱うことで、マジア・フレイシャのような想像力豊かな独自な建築を生み出すことができた。ここではタビカーダ・ヴォールトが「卵ous」と名付けられる外形をもち、建物周囲の全長を覆っている。これが現在も白い優美なフォルムを見せているマジア・フレイシャの外観であり、〈カタルーニャ・ムダルニズマ〉期の雰囲気を体しながら、難しい与条件を放物線アーチやヴォールトを駆使することでムンクニル独自の作品にまで高められた作品であった、と言える。

フンベリャ通りの《カザ・コンセプシオー・ムンザット邸》は放物線形態は見られないが、形態探求の頂点を極める作品の1つである。3階建ての建物であるが、コーニスで見切られた2階分までを出入り口と窓の1階と窓と小バルコニーをもつ開口の組み合わせで同じ仕上げの建物と見せ、その上の寝室階を二義的に付加され、引き伸ばされた名付けようもない余白として、中央を縦長の開口とバルコニー、その上を植物のレリーフと階段状の切妻が上方への志向を示すのである。この壁面を際立たせるための2つの三角形状の小窓も効果的である。

◆3 合理主義的作品の系譜

20世紀の機能主義、合理主義の近代建築の経験をとおした今日的視点から見れば、カタルーニャの煉瓦の伝統的工法を駆使しているとはいえ、おそらく、工場建築はルイス・ムンクニルの作品のなかで最も興味深いタイプである。背景として科学技術の発展により、18世紀に鋳鉄の製造が可能となり、その

後鋳鉄のコラムが生産される。カタルーニャでは、1832年ブナパラタ Bonapalata 紡績工場で全面的に使用された。その後、柱を鋳鉄で立ち上げ、圧延工場で生産されるようになった薄板状の鋼製梁を架す建築が可能となり、ムンクニルの工場設計に駆使されるのである。特に、煉瓦のタビカーダ・ヴォールトと鉄の引張材、鋳鉄柱の組み合わせの作品に精彩が見られた。

　また、特に繊維工場は様式的な制約も、ファサードを特徴づける意図もなく、機能性に即することが条件である。そこで、ムンクニルは魅力的な構造研究に力を注いだようだ。タラッザではそれらはカドラ（quadres）と名づけられてきた。カドラは切妻屋根が架され、方形平面の建物（身廊）の、1室空間のことである。ムンクニルは屋根・天井を引張材によるタビカーダ・ヴォールトとして扱った。この紡績業への蒸気機関の導入はタラッザではいち早く、なおかつ必然であり、多くの工場建築が都市の中心部をしめるとともに、タラッザの都市のランドスケープを決定づける要素となった。

　工場建築におけるムンクニルの代表的作品は、《アイメリック・アマット・イ・ジョベー紡績工場》(1907-8)だろう。この作品は現在、カタルーニャ科学技術博物館に変わっているが、当時のタラッザの新しい大規模な建築作品であり、ムンクニルの合理主義的な工場建築の最大のものである。1908年の11月1日に竣工したようだ。全体は延べ床面積15000平方メートル、そのうち紡績機が置かれた工場部分は12000平方メートル、蒸気機関室は南側ランブラ・デ・エガラ通りのエントランスに沿って配されている。また電気室とボイラー室が両側の身廊部に設置され、ボイラー室と連関して煉瓦の煙突がブラインド・放物線アーチの上に立ち上がっている。一連の建物はカタルーニャのタビカーダ・ヴォールトで解決されているが、この建物の主要部の空間の前奏曲

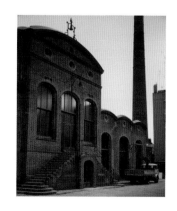
アイメリック・アマット・イ・ジョベー紡績工場の外観。

のようなものといえる。つまり、広大な紡績機のある空間が圧巻であり、タビカーダ・ヴォールトの重要な実験が試みられたのである。そこは7つの部分からなる巨大な空間であり、タイバー付のタビカーダ・ヴォールトの連続体を規則的に配された鋳鉄柱が支持している。鋳鉄柱は上部ではモーターの動力を伝えるシャフトを支持し、シャフトと連関する車輪がベルトに力を伝えて、紡績機を回転させる。またこの鋳鉄柱は立樋として、屋根面に降った雨水を処理している。

この空間に入るとS字曲線を描く波打つ天井面と鋳鉄柱の何処までも続くような空間性に心から打たれる。開口部のない面の広がり方向から踵を返すと、全く違った空間が出現することになる。それが重要な実験の成果であろう。天上面が消え、S字を描く曲線の繰り返しを浮かび上がらせるような全面開口といった北側に向いた天窓のガラス面は驚嘆に値する。煉瓦による構造がここまで透けた空間を作り出せるのかと、反問がその感を強めるのである。工場建築における北側採光を意図した鋸屋根を煉瓦ヴォールトで実現したものである。この天窓開口を作り出すヴォールトは、円形の母線と任意の円弧の準線からなる曲面で、身廊の2つのベイに渡って曲線を描くもので、1つは迫高の低いアーチであり、もう1つは楕円形のアーチを描いている。この手法を使うことで、優れて柔らかい形態の曲線が生み出されたのである。母線は非常に迫高の低いアーチとすることによって、それ自身平行に移動できる。ヘロニモ・マルトレイは「芸術的視点より、外部面にこのような屋根を与えることができたことは明白な成果であ

アイメリック・アマット・イ・ジョベー紡績工場の内部。煉瓦のタビカーダ・ヴォールトの駆使と鋳鉄柱、大きく開けられたガラス窓が見える。

アイメリック・アマット・イ・ジョベー紡績工場。天窓方向を見通すとき、構成部材が消去されたように見える。

る。」

　ヴォールトは3層の煉瓦でできており、厚さは15センチメートルという現在の鉄筋コンクリートのスラブ厚と同等であり、30φのタイバーと一体となって剛性を持つことになる。隔てるもののない視界を開くことができた成果である。この北側採光によって一律の自然採光が得られたわけであるが、工場内には人口の照明も配慮され、影を作らずにヴォールトに光を当て反射させる方法もとられたようだ。

　このように煉瓦の伝統的工法と、新しい鉄素材を組み合わせた住宅作品に《カザ・バルタサール・ゴリナ》などの作品がある。これは煉瓦素地と施釉タイルの組み合わせに、鉄のマリ

オンを組み合わせた様な構成的ファサードが特徴である。。この作品は1階に格子状の門扉と窓が穿たれ、そこから連続する大きなバルコニーのある2階へのアプローチとなる。このバルコニーは鉄のコンソール（持ち送り）で支持され、独特な装飾のある形態であり、さらに上階には連続するギャラリーが配される。すべての開口はコンソールに掛る鉄の梁が渡されている。主階では梁の上に荷重を受けることのない飾りアーチが配されている。そして、アーチと梁の間にはセラミックの装飾が自由な空間を作り出している。コーニスはマガツエム・カザノバスと似た、小さな階段状の鋸壁が配され、ムダルニズマ的ゴシック風のコーニスの扱いと言える。

5 結 語

ルイス・ムンクニルは生まれ故郷であるタラッザを中心に、200を越える建築の設計に携わったことでも特異な建築家であった、と言える。また、作品の展開を改めて見直すとき、ヨーロッパ中央に発する近代建築の思潮からいえば、歴史的、折衷的な節操のない建築家の仕事のように見えるかもしれない。果たしてそうであろうか。さまざまな用途、場所、経済的な与条件とその時代の技術や技能、そして多様な依頼主の意向に忠実であればあるほどに多様なデザイン展開を行うことができた才能こそ高く評価すべきではないだろうか。近代はデザインについて見方を変えれば、あまりにも教条的ではなかったかとも見えてくるのである。毎年のようにバルセロナを訪ねるときには、必ずタラッザに足をのばし、ムンクニルの作品群とまみえるのを、筆者は通例としている。市井人である建築家の息遣いを感得するからだろう。

ムンクニルが試みた3つの手法が展開された3連の住居群。

ガウディ試論
日本に初めてガウディを紹介した建築家
今井 兼次

　日本における建築家アントニオ・ガウディ・イ・クルネット Antoni Gaudí i Cornet（1825-1926）についての最初の紹介者は今井兼次であり、1928年日本建築学会の機関誌に発表した「ヨーロッパにおける近代建築の趨勢」と題する論稿が、ガウディ論の嚆矢である。日本の建築界は当時、ル・コルビュジェやミース、ならびにバウハウスに傾倒する近代合理主義の近代の建築の咀嚼過程の途次にあり、ガウディ紹介は批判を受けることはあっても一顧だにされることはなく、今井はガウディについて大学の講義にとどめて控えたようである。その後1954年のコルビュジェのロンシャンの聖堂の紹介とともに、近代建築の動向に変化を読み取り、時機を得たとして学会や建築デザイン誌等にガウディ紹介を再開する。

1 今井のガウディ言説

　今井のいくつかのガウディへの言説に、建築家今井兼次ならではの洞察と方法が伺える。そこにはガウディの伝記や、さまざまな分析的研究や論評とも異なる特質があり、ガウディの建築制作の在り様に直接するように思えるのである。
　1つは、コルビュジェが1928年にはじめてバルセロナを訪

れた折、この《サグラダ・ファミリア》の御誕生の玄関（誕生のファサード）の前で次のように述べたことを捉えた言及である。「自分（ル・コルビュジェ）は建築のシンプルシティの極点にたち、ガウディはコンプレキシティの極点にある」、と。今井はこのことを受けて、次のように続けている。「まことに興味ある言葉である。しかし、ガウディが特に御誕生の玄関のみに複雑な表現を試みたのは、他の理由によるものである。ガウディは人となり給うたイエズス・キリストの誕生をよろこぶどよめきともいうべきものを幽玄な宗教的感動をもって追求したにほかならない。広義に解釈するならば、すぐれた統一性をもったコンプレキシティこそシンプリシティの本然の姿に還るものであって、実に至難の業の所有者でなければ、容易に到達しえないものといえよう（「アントニオ・ガウディ」『新建築』1959年）。ここには、誕生のファサードがキリスト誕生を喜ぶ世界の物象を表現していることを踏まえ、外面的形態における単純幾何学の形態と、誕生を喜ぶ世界の表象の形態との比較ではなく、その表現の内面にあるものを理解しなければならない。救世主であるキリストが誕生したことを喜ぶという主題に沿って、表現されるものすべてがその外面的形態はそれぞれが異なりながらも、内面において「誕生を喜ぶどよめき」ということの思想で貫かれていること、その様態こそ勁いシンプリシティの表現ではないだろうか、と言うのである。「すぐれた統一性」に貫かれた「コンプレキシティこそシンプリシティの本然の姿に還るもの」ということに至らなければならないこと、を示唆したと言える。後になって、誕生のファサードの肉眼では見られなかった細部が写真家 C. プレヴォーのレンズによって生き生きと捉えられることを見透かしたように、またガウディの目がすべてにわたって配られないところはないという創作の姿勢とともに、今井の眼は見通していたのである。

　もう1つは、今井の建築家としての建築制作の経歴から紡ぎ

だされたガウディ観といえる言葉である。これも長い引用になるが以下に記す。

「ガウディの建築芸術における独創は、単なる外面的な新奇性を追うものではなかった。この聖堂建設においても、建築芸術の伝統を、その善きものは継承していった。そこには、伝統に根をもたないものは儚いものであるという彼の芸術観があったからである。しかしひとたび彼独自の方法や造形を用いる場合には、度重なる実験の後、確信を得たときにのみ始めて建築の中にとりいれたのである。この独創に対する彼の態度は、決して臆病や疑いから生じたものではない。したがって、独創性の外面的な評価から彼の芸術を理解しようとしても、それは不可能なのである。激しさの中に冷徹な判断と批判とを秘めて制作されたガウディの芸術は、内面からの理解なくしては到底正しい評価は得られないのである。彼における独創とは、極言すれば歴史的様式を自己のうちに消化してとり入れたところにあるといえる。彼の判断と感覚は、伝統を超えて働いていたのである。」(「芸術家の倫理」『職業の倫理』1958)

この論述のポイントは2つある。両者ともガウディの文献研究の基底に触れながら、それに即して解釈を与えるのではなく、最初のポイントは「単なる外面的な新奇性を追うものでは」ないことに対をなす「独創性の外面的な評価から彼の芸術を理解しようとしても、それは不可能なのである。」という部分であり、次のポイントは「激しさの中に冷徹な判断と批判とを秘めて制作されたガウディの芸術は、内面からの理解なくしては到底正しい評価は得られないのである」と述べるところにある。「激しさの中に冷徹な判断と批判」とは、また「内面からの理解」とは何を指しているのか。それは、私たちがガウ

ディ作品を体験したときに身体をもって感得したものを言い当てているように感ぜられてくる。文献の分析的な解釈からでてくる言葉ではないだろう。むしろガウディの"まねび"と一端を称した、今井自身の作品系譜における建築制作をとおしたところから来る、直観的洞察が捉まえたものとした方が理解しやすい。今井の言説は、それを背景的に検証するような分析的研究はなされていないがゆえに、一般的に言われる研究方法と基盤を全く異にする筋道がある。いくつかの言葉に着目して、章立て構成で以下に述べることにしたい。

2 「統一性をもったコンプレキシティ」表現の誕生のファサードの彫像制作
―― 〈装飾彫刻〉 とその制作方法

　《サグラダ・ファミリア》の誕生のファサードは、中央の愛徳、向かって左側の望徳、右側の信徳の3つの玄関によって構成され、愛徳はキリスト誕生、受胎告知、聖母戴冠等を、望徳はエジプトへの避難、嬰児虐殺などを、信徳は大工イエズス、聖母訪問、掌に目を持つ神の手等の主題として、ガウディは具象表現の装飾彫刻を配した。ペブスナーはこの誕生のファサードを南方バロックの残滓とした。コルビュジェはその造形に近代のシンプリシティに対する、コンプレキシティを感得した。今井は彼らより時代を経ることで、キリスト誕生の喜びの世界のどよめきを感得したのである。ファサードの外面的形態の背後に貫かれたシンプリシティを既に述べたように見通すのである。このシンプリシティの見透かしは、ガウディの装飾彫刻の制作方法を言い得ているのである。ダリ論で著名な R. デシャルネが著作『ガウディ――宗教的、芸術的ヴィジョン』において既往の美術史家ジョアキン・フォルク・イ・トーレスや画家であるオピッソらの研究を表題のもとにまとめたことで、1980年代以降に日本においても知られることになる。すなわ

ち、一例を示すならば、ガウディの誕生のファサードに配されるさまざまな「装飾彫刻」についての研究が構造についての徹底的な研究と匹敵するほどになされたことである。ここでは、これらの両研究を統一づけるガウディの考え方こそ次に明らかにされなければならない。

　誕生のファサードの4本の鐘塔のうち丈高い2本の鐘塔の1つに〈聖タデオ（ユダ）〉の彫刻が置かれる予定であった。それはガウディの死後、助手の彫刻家ファン・マタマーラ・フロタッツによってガウディの意図のもとに制作された。モデルは街路で呼び止められた荷車挽きであったことが知られている。それは下方に傾けられた骨ばった顔、ひきのばされた身体に粗布をまとい、ある意志の表現のように1本の指を突き立て、右腕はあたかも肩口から今にも振り降ろされんとする張りつめた表現であった。ガウディは「日記装飾論」において、「彫像は行動の一瞬ではなく、完全な要約された行動である」と書いている。聖タデオは十二使徒中「悔悛」を象徴している。ガウディは聖タデオの精神を全的に表現すべく、「悔悛」の姿勢をこのようにとらせたのであろう。それは独立した彫像について、「日記装飾論」にガウディは次のように述べているが、この青年時代の思想が継承され、誕生のファサードにおいて一つ一つの宗教的意味を担う彫像の制作を支える思想へと純化されていった、といえよう。

サグラダ・ファミリアの聖タデオ像の塑像。

　「独立した彫像について――たとえば、軍人がモチーフとする。彼は巧みに馬に跨がっているとしよう。適切な形態と大きさが与えられよう。丈が非常に大きくなるので、あまり高過ぎることのないようにして、狭い柱石の上に馬を平衡させる。ペデスタルには大きな伸び伸びした土台が据えられる。極めて遠くからでも知覚できるように、視点に従って大きな人物が制作されよう。そして後にこの彫像は小さな植物

庭園によってその周囲が囲まれよう。

　また、露台も考えられよう。そして、この人物の個性はこの似姿と一致するであろう。それはこの作品の水準から離れることのない人間となろう。来るべき未来の軍人たちの偉大な優れた好敵手としてその目標となるであろう。」

　また、「もし対象となる人が市民ならば、対象にふさわしい極めて大きな像を制作するために穏やかな姿で座している姿が適切であろう」というものである。

　彫像の制作方法は聖タデオ像の場合に限らず、すべての彫像が次のような方法で制作された。まずはじめに金属製骨格で構造、表情、姿勢について研究し、解剖学骸骨で確認し、針金による原寸大の粗造りが続き、次に針金で輪郭をつけた生身のモデルを連続する鏡の前に置き写真に撮る。モデル自身を使って、彫像の粗造りが決定される。距離と視点、また内部と外部の位置の問題、象徴的位階による像の大きさの検討が行われ、実際のモデルを使った石膏の鋳型がとられるのである。

　人物はできるだけ裸のままで型を取り、その後、粗布あるいは与える着物の質に従って多少肌理の細かい布を着せる。衣服の襞の具合の研究が終わると、それらを石膏のつぎとろで順々に固める。毛と頭髪は石膏にひたした麻で作り、時として風になぶられる頭髪を針金によって作る。また、それを基準に縮尺4分の1および原寸の粘土コピーがとられ、石に刻むために石膏像に抜き、いくつかの部分に切断される。また、鋳型で作られた石膏模型は予定される位置に置かれ、照明、遠近法および建築的装飾的雰囲気による修正が行われる。ガウディはマルチネイに次のように語った。

　「建築は外部では60°以内で観察され、内部では90°の角度

上：サグラダ・ファミリア誕生のファサードの愛徳の玄関にある聖家族の彫刻。
下：サグラダ・ファミリアの金属彫刻や、コロニア・グエイ教会の逆吊り模型制作を進めた技師ビジャルビアス。

内で観察されると考えねばならない。これが全体を見るための最小距離であり、また細部を鑑賞するための最大距離である。また頭部が直径500メートルの距離からよく見えるという原則を勘定に入れるならば、これが像の大きさを決定するであろう。さらに距離による大きさの他に、透視縮画法の効果を考慮しなければならない。」

このように、下方から見る際の縮小を考慮に入れて各要素を引き延ばすことによってデフォルメを修正する。最後に、石膏の模型を降ろし、すでに荒削りされた石の塊にさらに修正を加えて完了する。

ガウディの彫像制作の方法は、このように詳細を極めるものである。彫像一つ一つに同一の研究と同一の制作方法をもって臨むガウディの姿勢から私たちは次のような理解に導かれるであろう。彼にとって聖堂を制作することと、一体の彫像を作ることは本質的には同一のことである、と。彫刻におけると同様、建築において優先されるものは彫刻の骨格、建築の構造にあたる骨組みである。「真のシルエットは記念建造物の構造そのものから生まれてくる。その他のものは取るに足らぬものである」と、「日記装飾論」において記したガウディは、後年彫像に即して次のように述べる。

「ある人物の表現は骨格によって与えられる。というのは、形態の表現は骨格の動きと共に変化するものであるから。その他のすべてはそれをおおうディテールである、その多くは遠くから見えない。…人は骨格によって動く。骨格は筋肉によって支配される梃子である。骨格を研究するために2つのシステムがある。骨そのものの直接研究と人間の運動の研究である。」

ガウディは《サグラダ・ファミリア》において徹底的に行った力学研究を通して構造と形態を彫琢していったように、彫刻の制作において筋肉組織と骨格の完全な認識というものが彼には実際必要であったのである。ガウディの「芸術は美であり、真実の輝きである。」と言う理念を、行動の人として遂行したのである。今井が言説を記したときはこの制作方法は知られてはいなかった。しかし、誕生のファサードが表明すべき思想を把握することで、このファサードに配される装飾彫刻の凄絶ともいえる制作方法を直感しえたといえよう。

3　ガウディ論の系譜における外面的形態に関する解釈

　今井が言及する「単なる外面的な新奇性」や「独創性の外面的な評価」が対象としているのは、ガウディの近代建築の外形とは全く異なる建築形態に関する著作、論稿における視点であろう。つまり、ガウディ研究の系譜において繰り返し論ぜられる形態解釈の定式化を問題にしているのだろう。彼の人と作品の定義付けに深くかかわる事柄と言える。

　ガウディの建築形態の起源に関する論究は、概ね次の３つの角度からなされてきたと言える。１つは自然の諸形態にその起源を求める自然主義的態度である。ガウディの建築や芸術に関する言及は、彼が生まれ育ったタラゴナ平野や地中海の自然に深く関わっている言葉を残しているからである。あるいは、当時の《サグラダ・ファミリア》の工事場を訪れた学生たち、後にガウディの伝記作者やガウディ紹介に努めたブアダ、ガリ、マルチネイ、バルゴスら建築家たちが残している記録に見えるように、均衡のとれた光と豊かな色彩の明るい自然に五感を開いて対象とともに、その具象のヴィジョンを奪還するガウディの姿勢を感得できるからである。またガウディ自身、カタルーニャの信仰の山、ムンサラットの岩山を言及しての自らの作品

紹介や、「アトリエのこのプラタナスは、私の師匠である。」や「常に開かれて、努めて読むにふさわしい偉大な書物は自然のそれである。全ては自然の偉大な書物から派生する」といった言葉における自然の諸形象に対する信服である。

左：サグラダ・ファミリア信徳の玄関の頂部、麦の穂の彫刻。
右：サグラダ・ファミリア贖罪聖堂誕生のファサードのディテール。

　師匠であり、偉大な書物であり、そのひとつの表れとしての地中海の自然であれ、それらは他者に向けて理解しやすいように語られた自然であって、ガウディにおける自然は自然諸形象であるとともに、その生成における諸法則や原理を熟知していく過程における自然として把握されていた。しかし、ガウディの建築形態の自然主義的態度は、なぜガウディの形態が生まれたのか、その形態の元の代替物は何なのか、平たく言えば形態のネタは何かという、形態的模倣のカタログというレベルに

往々にして留まってきたのである。今井の言及はガウディの建築形態を外面の新奇性や、近代合理主義とは相違する思考経路から独創的、あるいは幻想的な形態と言う措定に留まってきたことを、無理解の系譜としてあらわにするのである。「ガウディの形態語彙は、その深い根を自然に持っており、自然の諸形態から発展するのである。このようなことが形態に多様性と活気と生命を与えるのである。もし彼が自然の形態を理解しなかったならば、彼は決して晩年の作品における構造の発見に到らなかっただろう。」英語圏にガウディの存在を普及する役割を果たした、J.J.スウィーニーと、コルビュジェの事務所にいたカタルーニャの建築家で、ハーバードやイエール大学で教授であったJ.L.セルトの理解は広範で多様である。ガウディの青年時の数多くのスケッチや、《サグラダ・ファミリア》の石膏室長であったJ.クッソーによるガウディの植物に関する執拗な研究の事績が、本来的なガウディの自然観を明るみに出すのである。

　また1つはアフリカのプリミティブ芸術の造形との関連を注視する態度である。これはカタルーニャの詩人で、美術評論家等であったJ.E.シルロットがガウディの計画案で終わったアフリカ、タンジールのフランシスコ修道会本部をとりあげ、その形態を精神の高揚を願望する純粋な表現形態であり、天と大地の神々の結婚の象徴形態として認め、さらにそれを文化人類学的文脈においてアフリカのプリミティブ芸術の造形に結び付けるのである。この見解は、《カザ・ミラ》の屋上の換気塔や煙突などの写真と比較するように、原始的な造形がさまざまに引用されることに繋がった。シルロットの著作が1953年に発表されているのが象徴的であるが、近代建築がインターナショナリズムの様態で世界的に流布していくなかで、その行き詰まりを返すかのようにブルータリズムのような建築の造形づきへの動きが現れ、特に美術界が先立って原初芸術にある根源的な

創造のエネルギーを求める運動となった時代である。その動きの中で、ガウディの人と作品が再考されたのである。

最後はシュールレアリストたちが讚美した、フランスの郵便配達夫シュバールの制作態度に類似を求める解釈である。20世紀の初期にフランスの地方に完成した理想宮は、シュルレアリスム宣言を行ったA. ブルトンによって紹介される。シュバールが道で見出した石を拾い集め、積層させて理想宮を作り出したことと、シュルレアリスムの作詩における自動記述の作法に連関を見出したのだろう。アメリカのワッタワーなどのアノニマスな建築との制作上の類縁を、ガウディの建築に見る動きである。さらにシュルレアリスムの画家ダリの《カザ・バトリョ》への批評は、詩的で、直感的には鋭いものであったが、作品の定義付けにおいては、ガウディの作品の幻想的形態が建築学的根拠を欠いた単に偶然的、作者の恣意的、且つ即興的な作品であるという理解に導くことになる。この最後の見解も近代の建築や芸術が置かれている状況を新しい状況へ、あるいは嗜好を変えようとする意図といった、時代的なものと言えるかもしれない

このような意味においても、今井が記したガウディへの言及は常に顧みるべき視点を勁く持している、と言える。

4 「激しさ」に込めた今井兼次の作家研究の方法
―― スピノザの方法にならって

今井兼次にとってガウディの作家研究における方法があるとすれば、それは如何なるものだろう。今井の視点はガウディ解釈の定式ではない、ガウディの建築の創作態度について直接するいままで顧みられたことのない問題を含んでいる、と思う。今井の言説には「方法」の文字は記されてないが、どのような態度・方法から上記の言説がつくられたのか見ることが、今井のガウディ解釈、いやそれ以上にガウディの創作態度に新しい

意味を資することができると思うからである。そこで、偶然その書名に心が動かされて読むことになった方法に関する哲学の書（國分功一郎著『スピノザの方法』）と連関して考えることに、今井がとった方法を理解するきっかけのようなものがあるのではないか、と見とおして、関連のある部分について引用記述しながら考察していきたい。

　まずはじめに、方法の問題が挙げられている。「方法の探求においては、方法の探求のために別の方法が必要になり、さらにその別の方法を探求するためには別の別の方法が必要になり……」といったこの無限遡行の論理は避けなければならない。方法の3つの形象として、道具・標識・道が挙げられるが、その1つである道について次のような含蓄のある言及がされる。「方法というのは道であって、この道は、その道程において諸観念が獲得される、そのような道である。」と。今井にとって建築の制作は、彼の最初の仕事である早稲田大学旧図書館（旧2号館）設計時の、エントランスホール「6本の柱」のエピソードのように、建築家・職人たちの人となりに深くかかわって理解されるという道筋を経るゆえに、建築家研究も建築制作を積み重ねていくように、この「道」のような範疇として捉えられるのではないか。「その道程において諸観念が獲得される」のであろうし、今井のガウディ作品への直観的洞察はそれ、「諸観念」に関わっているように思う。

　「道という形象で名指されたこの線は、「適切な順序」とも呼ばれている。そのなかを通れば真理そのものが適当な順序で得られていく」とスピノザが展開することは、今井にとっては近代の建築家たちの作家研究の蓄積と、ガウディ研究に本格的に取り組むときから始まる建築制作の経験が合わせて整合されていく中での、ガウディに関する作家研究であり、そのような道、それが真の方法であったのだろう。

　大学キャンパス内での仕事や、碌山記念館の設計を経て、大

多喜町役場の設計（竣工1959年）が始まる。これまでの様式的なものから離れた近代建築のスタイルを取る最初の作品で、風土との詩的統合としてさまざまな諸形象を付帯する今井独自の性格を持している。ここから、フェニックスモザイクと今井が称するタイル手法が試みられることになる。これは、ガウディが生涯一貫して作品に施したカタルーニャの伝統的タイル張りの工法、トレンカディス（破砕タイル手法）からの"まねび"であった。タイル工場で検査によって外され、十分に使用はできるが、製品としては不可とされ廃棄されるものや、家庭内で日常使われていたが現在は使用されなくなった陶器類などを、フェニックス、つまり不死鳥という字義に沿わせて、建築に改めて使用することでその生命を蘇らせるという意図であった。

　ここでは庁舎の屋上のペントハウスという通常では見えない部分の壁面と屋根に施工されたが、その後、今井の代表作ともいえる長崎26聖人殉教記念館聖堂ならびに資料館や桃華楽堂で主題表現に適応されていく。前者は江戸時代キリシタン禁制の時代に、京都で捕えられた26人のキリスト者が長崎の西坂において磔刑に処されることになる歴史的事績を踏まえた記念施設の表現を、資料館の壁面、聖堂の2本の塔に到るまでフェニックスモザイクの手法で主題を表現した。今井は殉教者たちが捕縛されて連行された道程にある京都から長崎までのタイルの窯元である信楽、備前、有田等を訪ね歩き、使われずに廃棄されているタイル群を貰い受け、フェニックスモザイクに使用する。歴史的事績を設計者自身が辿ることで、この施設が担うべき設計の思想を身体に焼き付けたかのようだ。

　また、桃華楽堂は今上天皇陛下の母上である、亡くなられた皇太后陛下の御還暦を寿ぐ音楽堂の設計である。今井は日本の縁起の良い形として八角形平面の平面計画を取り、その8つの壁面に日本の象徴的形象や皇太后陛下の日常の生活にまつわる形象等を主題に大地と天空の間に舞う鶴の形象を背景として構

成、それをフェニックスモザイクでデザインしたのである。ガウディが《グエイ別邸》から、《グエイ邸》の屋上に、《カザ・バトリョ》の新しい外装に、そして《グエイ公園》では波打つベンチをとおして本格的に取り組み、《コロニア・グエイ教会(地下聖堂)》《サグラダ・ファミリア贖罪聖堂》の晩年の代表作品へと、このトレンカディスのタイル手法の系譜を実現して行ったように、フェニックスモザイクとして自らの作品に踏襲するのである。ここで重要なことは、トレンカディスの手法を表層の仕上げの実在としてフェニックスモザイク手法に移し替えたのではなく、表層の仕上げをガウディの総合の生命の建築論の表れという観念として受け取ったと考えることだろう。トレンカディスの手法で表現されたものを、ファニックスモザイクというタイル手法のものに移し替えたのではなく、そこに込められた観念から、フェニックスモザイクという観念に連鎖させていったということである。

　実在と観念について、スピノザの方法に見てみよう。

　スピノザにとって「デカルトの哲学原理」を論述してまでこだわったことは、観念と実在の関わりであったようだ。スピノザの考える観念とはどのようなものであろうか。スピノザはデカルトの課題を次のように述べている。たとえば空の観念について、デカルトは「空の映像［visio］が、精神［mens］と関わり合いをもつ［attingere］ことができるのは、それが身体の想像器官に描かれた心象［imago in phantasia depicta］ではなく、観念であるかぎりにおいてである。あらゆる観念が、その想念的実在性について、現実に実在する原因を有しているのでなければ、われわれは、この観念をきっかけとして、空が存在していると判断できない……。」とする。つまり、国分は「空の観念は、実在する空をみずからの原因として、それが身体の想像器官に描かれた心象に留まることなく、その原因を有すると仮定しなければ、われわれはこの観念をきっかけとして空

が実在すると判断をすることができなくなってしまう。」と述べ、スピノザの態度を次のような事例を持って明らかにする。

「スピノザにおいては……著名な哲学者の作品のなかに読みうる観念と、つまらぬ人間の作品に読みうる観念が証明するのは、作品の外形的な事物のレベルでは両者に差異を見つけられないだろうが、その言葉（つまり心象としてあるかぎりにおいての言葉）の意味には注意せずに、たんに筆跡と文字の列だけに注意するなら、彼はその2冊の本の間に違った原因を求めるように強いるいかなる相違をも認めないであろう。その両者の間に実在したのは、著名な哲学者にふさわしい優秀な考え方の観念と、つまらぬ人間にふさわしい低劣な考え方の観念とが実在したということである。観念の原因は観念の領域のなかにあり、そのなかにしかない。観念の原因たりうるのは観念だけである。観念は観念以外の何かの表象ではない。」

建築も素材による実在であり、ガウディのトレンカディスも今井のフェニックスモザイクも建築のファサードを形作る要素である。2人の哲学者が著した著作の紙に書かれた筆跡や文字列となんら変わらぬ同質の実在であるが、両著作を読んだ人にとって実在したのは「著名な哲学者にふさわしい優秀な考え方の観念と、つまらぬ人間にふさわしい低劣な考え方の観念」である、とスピノザは透視するのである。

さらに、国分はスピノザの哲学の特質を窮策する。「スピノザによれば観念の連結は、ある観念が他の観念を発生させる、発生の連鎖のことである。これはスピノザが観念を事物の世界からではなく、観念の世界だけで考えていることを意味する。精神は、たとえば写生でもするように事物の世界を見ながらそれを観念の世界に描き写すのではなく、観念のなかで観念だけ

を使って観念の連鎖を創り出す」と国分はいう。今井がガウディの作品を見てそれを観念の世界に描き写すのではなく、今井がガウディ作品に対峙する様態で、対応的に観念のなかで観念だけを使って観念の連鎖であるガウディ作品の直観的洞察を言説化する、ということである。今井がトレンカディスの手法に見ていたのは、実在としてあるトレンカディスの手法という観念であった。観念の世界は事物の世界から、一方が他方の原因ではありえないという意味で切り離されている。スピノザは観念と事物の間に因果関係を認めない。「観念の原因は観念のみである。」そして、この筋道をとおして、次のような高次な理解に辿り着くことになる。すなわち、「事物と観念は同じ存在であり、同じひとつの存在が別の仕方で考えられた、あるいは別の仕方で現れたものであると考えるところまで進まねばならない。」

ガウディについて多くの著作、論稿が書かれてきたが、それらをガウディ論の系譜として検証するとき、ガウディの作品への論者たちの印象批評をでないものが多くを占める。その角度からも今井のガウディへの言説は際立っていると言える。ガウディ作品の、近代建築からすれば独自の建築形態や、《サグラダ・ファミリア》を住いとするような、建築家としての日々の制作の生活など、各々の実在性からの表象を印象批評することに留まっているということである。それにたいし、今井はものとしての作品ではなく、ものになろうともするし、作品が観念として語りかけてくるものを認めようとしたのである。

ガウディは晩年《サグラダ・ファミリア》を訪れてきた建築学生や若い建築家たち等に多くの言葉を残している。賢慮について、彼はこう述べている。「賢慮は科学より優れている。その名前は sapere、つまり味わう、玩味するという意味に由来する。賢慮は総合であり、科学は分析である。分析による総合は賢慮の総合ではない。それは分析的なものの1つにすぎ

ず、全体ではない。賢慮は総合であり、生命あるものである。」
ここでの賢慮は直観的洞察ともいえ、「総合であり、生命あるものである」。建築は素材をもって世界に建っているいるゆえに、ガウディはその生涯の制作に実験で確かめながら作品を立ち上げて来ているが、あくまでもそれらを統括する直観的な洞察の重要性を、賢慮という言葉に込めていたように思う。対象を実在的に分断して分析すれば、総合の生命は失われてしまうから。

　ガウディが語った言葉の中で、建築制作の生涯を貫いていただろう観念が最も示された言葉がある。ガウディ死後の《サグラダ・ファミリア》の建築家でもあり、《サグラダ・ファミリア》を訪ねた建築学生であり、若き建築家でもあったP. ブアダが整理したガウディ語録に「感受性」という題が付されている。

　「私たちは到い感受性を持っているが、良識の正確さと粘り強さに欠けている。また、レオナルドやチェルリーニなどの偉大な名匠たちが行った、長い苦しい研究と忍耐と繰り返しが不足している。そして、このことこそが名匠たちの作品に価値を与えるものであり、まさにその苦しみというものである（現代絵画は自らを表明すべきではない。というのは、苦労に値しないからである）。

　このような苦しみは、肉体的苦痛を、作品が課す拷問を取り除いていき、あたかもその簡潔さゆえに自然に、拷問から解き放つ。このことはこのような強い苦痛によってのみ得られる。この苦痛は生命の小さな苦しみに真の価値を与え、風が乾いた木の葉を運び去るように、取るに足りぬ細心さを消失させる。この苦痛は死ぬまで絶えず持続され、作品自体を不満足なものにする（これは作品に満足すると身を引いてしまう。それゆえ、偉大な先達だけが苦痛の努力を続けることができる）。しかし、この魂の破砕の中に貴重な断片、後の世代を堪能させ

る味わいと香りが残るのである。」

　今井の「激しさ」はガウディの作品に即して発せられたのではなく、制作の様態に窺われてくる「魂の破砕」から醸し出されてくる「味わい」や「香り」を感得した言葉だったといえる。

5　ガウディを特質づける諸作品について

　建築家アントニ・ガウディ・イ・コルネット研究に大学院の修士研究以来からすれば40数年に亘る関わりとなる。さまざまな著作や論稿の作成に携わりながらガウディの人と作品について述べて来ている。この章では筆者がポイント的に書き留めておきたい事柄に絞って、いくつかの作品を整理して紹介させて頂くことにする。ガウディの主要作品についての解説については、筆者も含めた数多くの著作に本書では譲ることにしたい。

◆1　卒業設計と《グエイ別邸》の制作姿勢

　ガウディ作品の系譜をたどるとき、大学の卒業から建築家の資格を取得して若い建築家として出発する発端の時期に、ガウディの建築デザインに臨む姿勢を決定づけた、と考える。1878年建築大学を卒業するに当たって、ガウディは卒業設計作品「パラニンフォ（大学講堂）」を制作し、合格する。この作品は、他の学生課題の提出作品と共に、バルセロナ建築大学（当時のバルセロナ建築高等技術学校に保管されることで、スペイン内戦においても消失をまぬかれた）の故J.バセゴダ氏主宰のガウディ講座に所蔵されており、筆者は留学時直接眼

卒業設計、大学講堂の断面図。

にすることができた。ほぼA1サイズの大きさの厚手の製図用紙に描かれたもののなかで、一際私の眼を射たものがあった。それは大学講堂の彩色された断面図である。残存図面を持参した接写レンズカメラで撮影することが、その日の作業であった。

卒業設計、大学講堂のドーム部分の詳細。

　彩色図面については、建築学校のデザイン教育ではインキングで表現して、彩色することが義務付けられていたので、特別なものではない。提出作品は塔頂部テンピエットを頂く半球ドームの建築で、古典的な印象を持つ、取り上げて言うほどもない様式建築である。大学での教育は建築の歴史様式をトレースが中心で、なおかつ合わせて理論的なものの学びが併行して行われたので、当然といえるかもしれない。おそらく、大学講堂といった記念的で、威厳を要する施設に対してクラシシズムの様式を採択したのだろう。それは良い。ドームの下に、また暗灰色に塗り潰された天井や壁部の断面から、学長の椅子を中心として刻明に、丁寧に描かれた教授陣の高められた演壇が、また白く装飾され、フリーズで縁取られた半円アーチのアーケードが、さらに柱頭部を飾るスペインの偉人たちの彫像が浮きぼられている。そして、視線をドームの面に送るとき、つまりカメラの接写レンズをその部分に向けるとき、図面の一部の表現でありながら、それ自身が一幅の壮麗な天井画のように見るものに迫ってきた。

　丘の頂部を占めるギリシア神殿を背景に、馬を駆ってポリスの広場に到着したばかりの若者と2頭の馬を、都市の人々が取り巻いている光景が、目鼻立ちまではいかないとしても刻明に、執拗に描かれている。主題は定かではない。その臨場感溢れる雰囲気が直に伝わってくるまでの表現となっている。建築の断面を介した講堂の内観が理解されればよいのであるから、ドームはそれなりに彩色し、図像表現も暈して表現することも

できたであろう。が、ガウディはそうはしなかった。大学講堂の、半球ドームによって包まれる学長席と教授陣の中心的空間を構成する部位は、建築的スケールにしろ、家具のスケールにしろ、さらにその部分の装飾ディテールにしろ、彼の眼が配られないところがあってはならない。天井画は勿論のことであった。ガウディがそのことを自らに課していたとしか思えない。建築学校の最後の作品の卒業制作に窺われるこの制作の姿勢は、彼の建築家としての「道」を内面から方向づけたものだろう。

留学時、ガウディ講座は《グエイ別邸》の以前の厩舎を改装して研究室としていた。筆者はそこに通うことが日課であった。外観のレンガ素地や施釉タイルによるムデハル様式風とは相違して、放物線アーチやヴォールトをカタルーニャのレンガの伝統的工法で立ち上げ、白く塗りなおされた内部は聖なるという修辞を付して自然な空間が立ち上がっていた。

《グエイ別邸》の平面は馬丁、兼管理人の家と厩舎・調教舎の2つの建物によって構成され、それらを鍛鉄および鋳鉄製の鎖で繋がれた龍の入り口扉が隔てている。迫真力のある鍛鉄の彫刻であるがゆえに、パドラルベスの龍と呼ばれる所以である。この龍はギリシャ神話のエスペリデスの園の黄金の林檎を守る龍であり、龍を構成する諸要素は天体現象に結び付けられていることが、バセゴダ教授の研究から知られている。

この鉄扉は門柱の片隅に取り付けられている。この門柱は上部にグエイのイニシアルGを刻み、さらにオレンジの樹が人工石で4面に表現され、最上部にはアンチモンのオレンジの樹が実を湛えて立っている。

右：グエイ別邸の門柱。
下：グエイ別邸。門柱の煉瓦目地に張られたトレンカディスの施釉タイル。

門構えは剛性もあり、最も安価で、カタルーニャでよく使われる煉瓦で出来ている。赤味の強いものと黄色がかったものが交互に積層されており、その間にモルタルが目地に充填される。あるとき、釉薬のかかっていない煉瓦の門柱が陽光の下で輝いた。そんなことはないと思って改めて仕上げ面を見ると、ガウディはこの数ミリの目地の間に、釉薬のかかったタイルの破片を螺鈿のごとく丹念に、埋め込んでいたのである。カタルーニャの伝統的なタイル仕上げ工法であり、タイルを砕いてその砕片を張るトレンカディスをここで応用したのである。ひとは目的以外のことに知覚が行きとどかないことがあるのだろう。いつもこの門柱の前を通りすぎていたのに、見落としていたのである。卒業制作に引き続く初期の作品で、どんな細部にも彼の眼の配りがないところはない、あるいはどのような細部も疎かにすることのないガウディの建築の制作態度が生き生きと継承されていた。身体に刻印された生きた制作の思想ともいうべきものが、建築家の出発時から形成されていたことは、見逃すべき事柄ではない、と思うのである。

◆2 《グエイ邸》と《テレジア学院》の放物線アーチや放物面ヴォールトの駆使

グエイ邸外観。

《グエイ邸》はガウディが建築家として認知されたデビュー作であり、カタルーニャを代表するリーダーであったE.グエイとの繋がりを確固とした点で大きな意味をもつものである。《テレジア学院》は女子修道院学校という主題に沿う、光が開示する空間性は現代的である。

《グエイ邸》では主階のサロンにガウディの意識が集中されている。下階からコンデ・デル・アサルト通りのトリビューンの列柱を介してサロンに至る空間のシークエンスは気持ちを昂揚させる力がある。このサロンは平面は9メートル×9メートルで

グエイ邸中央広間の天井ヴォールト。

あるが、天井高さ17.5メートルもあり、垂直方向の上昇性が醸し出されている。施主が国を代表するステイタスをもつことで、世界の貴賓ある人びとを歓待する場としての働きを果たしていよう。放物面体のドームの上方からの光が、輝く点光となって降り注ぐ。あたかもそれは、自然光が星のような効果を生み出す、数多くの均斉のとれた小さな輝く円によって穴が穿たれているように見える。ここは精巧な木彫である2枚の扉の背後に設けられていた祈念所に基づく宗教的生活の祈りの場として、また音楽会や文学の集まりの場としての多様な使われ方ができた。催しに際しては、パイプオルガンの響きが、また上のギャラリーに占めるだろう合唱隊の歌声が放物面体のドームに反響して、サロンの床へ垂直に降り注ぐ。

　放物面体ドームは四方が垂直に切り落とされており、その放物線断面の開口部の背景にある放物線形の窓のステンドグラスは、屋上からのハイサイドライトの光を受けて、多様な色彩のファンタジーを放射する。放物線ドームはその外側を粗い石の円錐体の頂塔によって覆われている。光を取り入れる数多くの窓があけられた頂塔は屋上テラスの中央に聳え立つ。その周囲に多様な形態の煙突や換気孔群が配されており、色彩豊かなアラビア・タイルがそれらを縁取り埋め尽くす。明るい灰色の石

灰岩の素材素地のファサードから離れて、屋上の内側に色彩豊かな「小さな糸杉の森」が控えているのである。

　このように《グエイ邸》においてタビカーダ・ヴォールトによって支持された地階の厩舎の暗がりと冴え渡る神秘性から主階サロンの架け渡された放物面体ドームの軽快な構造と天空からの星のような光の効果の空間を介して、屋上の煙突や換気筒に施された、タイルによる色彩のファンタジーへと、空間は垂直方向にメタモルフォース（変容）する。

　一方、《テレジア学院》の平面は矩形をしており、切り出された石と煉瓦による組積造の外壁が4層に分割された内部のヴォリュームを包み込む。外観は修道会の始祖である聖テレジアの著作である「聖なる城」を思わせる外観といえる。この作品ほど外部、内部の感じ取り方が相違する建物は稀有だろう。外部からは鋸朶を頂部に持つ歴史性と、4層の中廊下型の定式的な直方体建築として読み取られるのにたいし、内部では吹き抜きや、光庭や回廊を内包する多様な空間性が展開されている。このドラスティックな対比が「稀有」な感じ取り方を、空間体験した者に与えるのだろう。

　ガウディは自己の表現力を、この内部ヴォリュームの中心軸に集中したようだ。1階は長手方向に走る2枚の支持隔壁によって3つの部分に仕切り、それらは中廊下、および本部と付属諸室に充てられている。この中廊下の支持壁を煉瓦の放物線アーチの壁によって結び、水平力に負担させて補強する。支持壁の上方では梁型を作り、煉瓦の持ち送りリブを一定の間隔に設けている。1階ではなぜその部分に設けたかの意図は汲み取

グエイ邸。ハイサイド窓のステンドグラス。

れないが、2階に至るとき納得される。すなわち、各リブに対応して煉瓦の2本の支持柱と放物線アーチのセットが乗り、光庭を作り出す2列のそれに面する方物線アーチが連続する回廊空間を開示する。

　建物を断面的に見れば、内部ヴォリュームは下階から上層階へ上昇するにつれて、縮小することによって中庭を持ち、天空からの光は中庭を通して1階の中廊下まで降り注ぐ。2階の廊下は光庭に面した回廊に変わる。放物線はそこでは力学的な機能を持つと同時に、精神的な役割を果たす要素となる。「この《テレジア学院》の優れた手腕は、上昇的、外面的な感覚にあるのではなく水平的、内面的な深さにあるのである。この空間的深みは中庭に差し込む光によって、また大窓の幾何学的リズムをとおして濾過された、廊下から差し込む光によって無限の遠近法を開示する」と、カサネリェスが述べているとおりである。

　両作品とも、初期のマタロ協同組合の工場で、木造の部材接合による放物線アーチの使用を、カタルーニャの伝統的工法による方物線アーチやヴォールトへと発展させたものと言える。前者はほぼ立方体的ヴォリュームの中心部に、

テレジア学院主階の光の回廊。

主階（2階）から屋上を貫く放物面体ヴォールトの吹き抜け空間を配することで、機能的、構造的解決を果たしている。後者では1階部の梁間の大きな放物線アーチと、2階部の迫高が大きく、梁間の小さな二対の連続する放物線アーチを層間で組み合わせることで、構造的解決を果たしている。このように、放物線体を駆使することによって建築の構造を明確に解決し、同時にそのことが光の効果を高め、他にない特異な空間を明るみに出すことができた。

◆3《カザ・バトリョ》の改修方法におけるデザインの先駆性

　《カザ・バトリョ》は施主 J. バトリョの既存の旧宅を改修した作品である。それにも拘らず、初めから1人の作家の釼い ヴィジョンの指導の下に統覚された新しい建物のように見える。ガウディ自身が描いた《カザ・バトリョ》の立面素描がガウディ講座に残っていた。キャンソンのような柔らかい紙に淡い鉛筆で描いている。既存の6階建ての矩形の姿図に繰り返される繊細な曲線の集積が、ある限定の感覚としての曲線を求めて、ある部分は濃く、ある部分は淡く重ね合わされている。線描が淡いだけあって、かえって作者のこのエスキースにかける手の動きと息遣いが伝わってくる。ガウディ研究の碩学 J. バセゴダや G.R. コリンズたちがガウディのテスタメントと称したのも頷ける。おそらく、この手の動きがつくりだすある瞬間の曲線の最も外側の線描が、《カザ・バトリョ》の形態を決定付けたのであろう。

　この素描が示すように、既存のファサードの外面に色鮮やかなテキスタイルのように新しいファサードが纏い付けられている。1階の柱と開口部の曲線から、主階のトリビューンの骨のようなマリオンの形態を介して、緩やかに波打つ多彩色の壁面に沿って上昇し、龍の背のメタファーとされる屋根によって縁取られる。この柔らかなテキスタイルはファサードの既存の開

カザ・バトリョのガウディ自身の鉛筆によるエスキス。

左上：カザ・バトリョの外観頂部の屋根。龍の鱗のイメージともいわれる。
右上：カザ・バトリョ外観。

口部を尊重しながら、仮面のような欄干をもつバルコニーをもつ微かに波打つ面を作り出しながら、その上に円形の陶板と多彩色のガラスモザイクを張り詰めていく。この表層の仕上げを外の皮、外皮と呼ぶなら、1階の入り口部分をとおして内部空間へ外皮が裏返って内の皮として、つまり内皮として内部の表層へ変容していく。

《カザ・バトリョ》の改修は、既存建物を外皮と内皮の関係性に即した稀有な作品の事例であり、先駆的なデザインと言える。

内部では、ガウディの意識は人間の動線に集中する。すなわち集合住宅の住人たちについては、階段室、エレベーター・ホールから、上層階のアパートへの動線に、また内玄関からバトリョの住宅のある主階への動線についてである。階段室では、光は淡い色調の陶板で和らげられ、秩序付けられている。陶板の色は、玄関ホールでは白あるいは灰色であり、表通

りからの光を最も暗い部分へとはねかえしている。階段室を上昇するにつれて強烈な青色に変わり、天窓から射し込む絶え間のない光の流れを受け止めている。この変化に富む壁面を木製のエレベーターが上下に運動し、籠の斜めに抉られた開口から色調のモデュレーションが眺められる。これが共用部の内皮の取り扱いである。バトリョ家の主階へといたる木製階段は、玄関ホールの内側にある小ホールから、2階の広間に向けて植物のように生長し、樫でできた波打つ側桁は、踏み板と手摺と一体となって、緩やかにうねる壁と天井が一体となった、プラスターの幻想的空間の中に溶け込んでいく。さらに、天井に穿たれた照明が自然光のように降り注ぎ、この階段の曲線を照らし出し、光と影の交錯する最も密度の高い空間を作り出している。さらに、この印象は主階中央サロンで頂点に達する。この部屋の前室には耐火陶板で出来た暖炉があり、それは大きな壁面を穿ち、親しみのある空間を

左上：カザ・バトリョ、階段室吹き抜け見上げ。
右上：カザ・バトリョ、エレベーター内部より斜めに穿たれた開口部よりタイルの変容を見ることができる。

第6章 ◆ ガウディ試論　今井 兼次

右：カザ・バトリョ。主階の螺旋に渦巻く天井。
下：カザ・バトリョ。バトリョ家の主階へ上る木製階段。

内部に宿したアルコーブを形作る。ついで中央サロンには、ガラスや色ガラスが嵌め込まれたうねるような形態の間仕切壁があり、それは可動間仕切りであり、思いのままに動かすことができる。天井面は壁と一体となり光源のまわりに螺旋状に急速に渦巻いている。あたかもそれは《カザ・バトリョ》の躍動する内部空間の連続性を象徴するようだ。

屋上には煙突と喚起筒がその付け根から筋肉のような表現で内部の余韻を伝えている。その表現は尖端の陶器の花模様によって和らげられてい

カザ・バトリョ主階サロンの前の可動間仕切り壁。

る。裏のファサードは様相を一変し、律動的に繰り返されるバルコニーの透けた金網とグリルによる軽やかな表現となり、多彩色のモザイクと一体となって明るい色調の幅広い壁画を作り出す。

◆4 バルセロナの都市的・環境的文脈から《カザ・ミラ》を考える

　モンセラットの岩塊にも比せられる《カザ・ミラ》の容貌は、どこから生まれてきたのか。その建築形態はバルセロナの都市の街区に対して、どのような意味を付しているのだろう。それがこの章題の求めるところである。

　まず近代都市バルセロナの形成を概略的に触れる。カタルーニャの州都バルセロナの都市としての骨格は、1860年以後の19世紀後半に成立した。ガウディがレウスから移住してきた時代は、まさに都市計画の真只中にあった。それは、カタルーニャ北部出身で、マドリッドで土木工学を学んだ都市計画家イルダフォンス・サルダー（1815-76）による「バルセロナ近郊の

モンセラット。

セルダーの都市計画案に沿う形で残された稀少な街区。

計画とその再生および拡張地域の計画」案（1859年）が、翌年から具体化されていく過程を指している。

　中世の佇まいを残すゴシック地区を中心とした旧バルセロナと、バルセロナ平原の旧グラシアなどの町々を併合する、新しいバルセロナの都市のヴィジョンが初めて描かれたのである。そこでは中世以来の市壁の撤去に伴い、都市間を結ぶ50メートル幅の幹線道路と街区を区切る20メートル幅の道路が縦横に交差し、大聖堂を基点とする400メートルグリッドの9等分区画、つまり一区画133.33メートル四方（街区自身は113.33メートル×113.33メートルとなる）のグリッド状をなす拡張地区を構成している。

　サルダーの案は居住密度の緩和と衛生環境の充実に基づく田園豊かな近代都市であり、街区で建築が許可されるはずだったのは4辺のうちの2辺のみであった。なおかつ、建物の高さや建蔽率を制限し、内側のスペースを緑地等とすることにより、日当たりがよく、南北に風通しの良い健康的な空間が構想された。ヨーロッパ中央の建築の近代化過程においても、コルビュジェ等建築家たちが近代の住居の理念とした考え方の1つは、衛生学に依拠していた。サルダーの計画通りであれば、街区の全体の面積の5分の3から3分の2はオープン・スペースとなるはずだった。

　しかし、都市計画の実現を公的な資金だけで賄うことができないことが持ち上がる。民間の資本の投入のために、土地の民間への売却と建築基準の見直しが進行する。拡張事業会社といった企業が、多くの投資家から証券によって資本を集め、土地を購入し、土地の改良や地均し、道路のインフラ整備などを行って、新たに区画を分割し販売した。すなわち、ことの進行は民間の資本の意図のもとに行われることになったことを意味

する。

　ここで登場するのが前に簡略に触れたインディアーノスと呼ばれる実業家、資本家階級の人々であった。

　インディアーノスとは、アメリカ、西インド諸島の国々、当時はスペインの海外領土に移住して成功し、財を築いて帰国した人々のことである。18世紀末からキューバでは奴隷制の下で精糖業が発展し、その富に引きつけられて多くのスペイン人が移住した。19世紀前半には、その多くがカタルーニャのバルセロナ県や、タラゴナ県の地中海沿岸の町々出身者で占められていた。グエイ家もその系譜に当る。

　バルセロナの都市拡張はいくつもの銀行を経営し、実業界をリードしていったこれらインディアーノスたちがリードする政治と建築ブームなどを反映しながら、その理念よりも地権者たちの利益に動かされる形で進んでいくことになる。彼らは主要な部分の土地を買い求め、その地に集合住宅を建設して都市形成に関与する形で富をさらに高めて行くことになる。家賃収入を得ることを目的とした簡素な賃貸用マンションも建てられるようになり、できる限り土地を有効利用したいと考える地権者は、拡張地区に建築基準の緩和的適用を求めていく。バルセロナの主要な通りであるパセッチ・ダ・グラシア周辺の土地は特に求められた。というのは、インディアーノスらのブルジョア

左から：不調和の街区。バルセロナの中心街、パッセチ・ダ・グラシア通りのカザ・バトリョを含む家並みは、不調和の街区（manzana de disconcordia）と呼称されていた。ドメネック、サグニエー、プッチ、そしてガウディが思い思いのデザインを競って建てた家々が並んでいると受け取られたからである。

ドメネクのカサ・リェオ・モレラ外観。

E.サグニエーのカサ・ムリエラス外観。

プッチ・カダファルクのカサ・アマットリェーファサード。

第6章 ◆ ガウディ試論　今井 兼次

S. バレリ・ププルイのカサ・コマラット外観。

ジーが自らの社会的地位の証明としてこの通り沿いの土地を購入し、自宅用の邸宅を建てた。大ブルジョアジーのための贅を凝らしたコロニアル風の邸宅や、後には通行人の目を引くムダルニズマ建築が建てられていくことになるのである。

　こういう経緯によって、バルセロナの都市形成は進展して行く代わりに、サルダーの理念にあったオープン・スペースやグリーンベルトの様なものは希薄となり、113.33メートル×113.33メートルの街区は4辺が7、8階建ての建築群によって囲繞されることになった。地権者たちから設計の依頼された当時の建築家たちの多くは、道路に面する一面のファサードを歴史様式の折衷という範囲で、新しいデザインを競ったのである。

　ガウディはと言えば、《カザ・ミラ》での画家カルレスとの対話にあるように、《カザ・ミラ》は都市の1つの建築でありながら、背後のクイセローラやチビダボの丘陵、そして前面に広がる地中海や古代、中世都市バルキノの石造の塊といった広域的なスケールの視点からのデザインを考えていた。《カザ・

カザ・ミラ外観。

ミラ》の形態と量感が、バルセロナの街を取り巻くクイセローラやチビダボの丘陵の形態と大きさとの対応によって、決定されたということは重要である。すなわち、《カザ・ミラ》は、単にバルセロナの市街の一角を占める都市建築というよりも自然との調和において、自然そのもののヴィジョンを体現した建築であったということである。ガウディ自身の言葉はそのまま受け止められなければなら

ない。

　すなわち、《カザ・ミラ》はサルダーの都市計画の街区の一部でありながら、その角地であることを自覚的に受容して、街区のヴォリューム自身のデザインに置き換えることで、バルセロナの都市の容貌を変革させるような果敢なデザインを行ったと言えよう。それゆえ、《カザ・ミラ》はアール・ヌーヴォー風の形態をまとった都市建築ではなく、自然との対応でそれに匹敵するマッスをもった自然そのものヴィジョンを担った建築であったということである。

　ガウディ自身の言葉は、その

上：カザ・ミラ。波打ち上昇する岩礁思わせる壁面に絡みつく鍛鉄の海藻のような手摺。
下：カザ・ミラ屋上。

第6章 ◆ ガウディ試論　今井 兼次

ままに受けとめられなければならない。《カザ・ミラ》のマッス（量塊）、そのファサードの彫りの深い壁面に、荒々しい鍛鉄の造形がバルコニーの手すりを形づくり、岩床に絡みつく海藻のようだ。壁面は各階層のあたりで大きく波打ち、繰り返し、連続する局面を波頭が鋭く切り分ける。さらに小さな水泡は柱頭を形づくり、軒蛇腹へと至る。そこには、「Ave Gratia Plena Dominus Tecum（聖寵充ち満てる聖母マリア）」とラテン語で刻まれる。

◆5 《グエイ公園》に込められたガウディの構想力と天空に差し渡されたテラス

　ガウディの畏敬せる友人であったビックのトラス・イ・バジェス司教は、《グエイ公園》を見て廻った後、「快適さを得るために土地の地形が最大限に利用されたのだ」と感想を述べた。《グエイ公園》を実際に歩き回るとき、この言葉を実感できる。《グエイ公園》はE.グエイが住宅産業に手を広げ、バルセロナの発展を見越してセカンドハウス的分譲住宅事業を進めたものである。完成しておれば60戸の住宅地ができたはずであった。第1次世界大戦の勃発などの情勢で、他の事業と同様に中断して未完に終わる。後に、市の公園として現在に至ったのである。

　訪問者として心を躍らせるように園内を見て回りながら、この住宅地の中心と位置付けられたドーリックオーダーを擬した86本の列柱空間と、その上の施釉の波打つベンチがあるピロティの広場が何故生み出されたのだろうと、考える。前者は住人たちのための市

グエイ公園正面大階段。

グエイ公園の高架橋下の回廊部。ガウディが残したいなご豆の老樹が光を目指して生長する。

左：グエイ公園放物面ヴォールトの回廊。
下：グエイ公園。棕櫚の列柱回廊。

第6章 ● ガウディ試論　今井 兼次

場に充てられ、後者は寛ぎの場であるとともに演劇などが催されるため、ギリシャ劇場とも呼ばれていた。

　グエイのギリシャに対する造詣の深さから、ドーリックオーダーの適用などは説明されている。オロット通りに面する公園の主入口から中に入る。門衛棟や設備棟のあずまやが両側に配されており、真正面に主階段が上部で二股に分かれピロティに達しているのが見える。施釉の色鮮やかなタイルで被覆されているので、訪れるものは引き込まれるように市場に予定された場所へといたる。列柱の隙間から周囲の風景を見ることになる。右手にはガウディが住まいとした薔薇色の家が見える。左手にはグエイの住宅があった。この公園の風景を見ながら、擁壁に挟まれた石階段が始まり、周辺の風景は消去される。そして広場に上りきるとき、遠くは地中海が、手前には旧バルセロナからエンサンチェ（拡張地域）が眼前に広がるのである。この空間のシークエンスは素晴らしい。

　《グエイ公園》を体験する側からすれば、ガウディであればこのような場所のデザインは考えられうるとして納得してしまう。このような先入観から、この中心部分に込められたガウディの意図がそのままに伏されてきたのではないか。

　このことを解き明かす鍵が建設工事の記録写真に隠されていた。建設工事は土地の区画、住宅地の建設のための道路や高架橋や設備関連の埋設に伴うインフラストラクチャーの整備から始まり、後半にかけて当該の中心部分が進められ、工事が中断する間際に施釉タイルの波打つベンチの広場が完成する。その間に、モデルハウスとしてのガウディ自邸の薔薇色の家や、その後弁護士のトゥリアス邸が2軒目の住宅として建設されている。

　工事記録写真の中で、特に2枚の写真が重要である。1枚はドーリックオー

グエイ公園の列柱ホールの建設前の写真。

ダーの列柱ホールが未着手で、主階段が完成している写真であり、もう1枚は1907年11月10日付けの『イルストラシオ・カタラナ』誌に掲載された写真で、ドリス式列柱は完了し、半球状のドームの架設工事は途中の段階である。

グエイ公園列柱ホールの工事中の写真。

前者は入り口門のレベルから移された写真で、主階段の背景はムンターニャ・ペラダの斜面であり、写真右上にトゥリアス邸が、手前に残されたのか棕櫚の木が見える。すなわち、住宅地の入口門に立つと住宅地が自然の丘陵に展開していることがいちどきに理解される。ここに立つと同時に、悟性の働きで座標軸的位置の認識で留まってしまう。空間的にいえば、管理棟、サービス棟を背景に擁壁に挟まれた主階段を介して、ムンターニャ・ペラダの丘陵へと拡散されていってしまうということである。市場機能などが必要であれば、他の場所に施設を設けても成り立つという風にである。

後者は『イルストラシオ・カタラナ』誌が「《グエイ公園》における自治主義者の諸団体によって組織された祭の1つ」を報道し、合わせて写真の掲載をしたものである。ギリシア劇場を支持し、住宅地の市場の空間を作り出すようにドリス式列柱ホールが、広場のレベルまで建ち上がっている。柱幹、フルーティング、輪状平縁を省略するドリス式の柱は波の輪のように抉りこんだエキヌスを支持する。エキヌスの上にアバクスが載り、アーキトラーベは極端に縮小され、フリーズ、コーニスの順序において、エンターブレチャーは完成する。後者ではこの空間の抜けは重厚なドリス式列柱ホールによって受け止められ、その薄暗がりの空間は、色彩豊かな主階段と擁壁に囲まれた空間と明暗のコントラストの効果を与え、この都市住宅地の広大な自然の中に濃密な空間を作り出す。この列柱ホールがアプローチに対する主ファサードとして立ち表れ、視界を遮るこ

グエイ公園の施釉タイルによる波打つベンチ。

とによって、建築群、彫刻、絵画が一体となって濃密な空間を作り出す。そして、この濃密な空間から建築と自然が融合する空間へ、さらにその周囲の自然そのままの空間へと空間的位階を持ち、空間のヴォリュームの変容と、継時的な空間展開を奥深いものとしたのである。その上で、ドリス式列柱ホールの市場の空間、その上のギリシア劇場、そして後に構築される規則的にうねる多彩色のベンチに囲まれた空間、さらにモンターニャ・ペラダの自然の空間へと移行する空間展開・空間のシークエンスを劇的な興味深いものにする。列柱ホールが立ち上がっていない主階段からの写真とエンターブレチャーを載せたドーリックオーダーの列柱ホールの工事写真の相異は決定的である。と同時に、ガウディの鋭く、豊かな構想力を感得する。

　このことに連関して、列柱ホール上の施釉タイルの波打つベンチの広場は、大地そのもの造形のようなグエイ住宅地の扱いにたいして、天空に差し渡されたテラスとしてガウディはデザインしたのではないだろうか。

　ガウディは建築の表現要素として、テクスチャーの視覚的効果である表面への光の作用や、表面の光の明暗を常に重要視し

た。彼は彫刻家のように、光の作用により建物の表面が変容する効果を注意深く研究した。ガウディが残した言葉では次のようになる。

「光を受ける凸状の要素全体を凹状の要素、つまり影の中にある要素に対立させて組み合わせなければならない。光を浴びた要素は、ディテールに意を払わなければならない。というのは、それは歌う要素だからだ。影の中に潜り込んだ要素は、ディテールから解放されている。」

このガウディの言葉は、光を受け止める表面の処置について述べたものだろう。このように対象の表面に対する配慮から、彼は形態の表面に必ず「皮」を与える。ゲーテが『植物論』で植物が生命を守るために必ず、内皮で包み込むといったような意味においてである。建築各部のテクスチャーのコントラストを絶えず考慮することによって、この「皮」は作品を生き生きとしたものにする。

生命あるテクスチャーの変化を大切にしながら、彼の研ぎ澄まされた感覚は材料のコントラストを求めていく。《グエイ公園》の囲壁に沿ってオロット通りがある。その突き当りの壁は、岩がむきだ

グエイ公園オロット通り突き当りの擁壁。

第6章 ◆ ガウディ試論 今井 兼次

しの自然の土留め擁壁と粗面の切り石積みの対比が鮮やかである。自然の剥き出しの断層を人の手が加わった切石で被覆しなかった。さらに設けられた石造の階段の腰部には、同じ石の骨材を使ったモルタルで塗りあげて、柔らかさを与えている。剥き出しの岩壁を強調するかのように、自然と人工が対話している、と言える。

　ガウディにとって、表面の触覚的効果は視覚的効果に匹敵した。工事中、この住宅地を訪れた建築家セリェスは「大地の鋳型」とこの作品を表現した。それは大地が彫塑的に扱われていることを示唆すると同時に、構築物と大地のテクスチャーの一体性を指摘する言葉と読み換えられよう。《グエイ公園》を形成するさまざまな造形は、それらが配されている大地と同一の「皮」、つまりテクスチャーを共有している。そのため、これらの造形は大地から離れない。このような視点からすれば、主入口に面して突き立つ86本のドリス式列柱の存在は異質である。私たちは、このことをどのように理解したらよいか。

　ドリス式列柱は3層の薄肉煉瓦の円筒に灰色の人造石を張り、その下部と上部の半球ドームを白い施釉の陶片で張り詰めている。ガウディは、大地のテクスチャーとは異質なそれを施した陶片という光る素材を介在させた。さらにこれらの列柱によって突き上げ、列柱ホール上

グエイ公園波打つベンチのディテール。

のギリシャ劇場にある波打つベンチを大地の「皮」から切り離し、天空と地中海に差し渡された色彩鮮やかなテラスに変貌させたのである。私たちはアリー・ルブロンとともに次のように言うことができよう。「なぜ人は天空と地中海に差し渡されたテラスを、さまざまに様相を変える光沢ある陶器として考えてはならないのだろう」と。

　このテラスはこの場所では限られたスケールであっても、目ざされたのはクイサローラ丘陵を背景として、バルセロナの市街を越えて地中海までの広大なスケールに向かって差し渡されたテラスであると、理解しなければならない。ガウディの構想力の凄味といったものが、改めて感得されるのである。

◆6　逆吊り模型に込められたヴィジョンとしての《コロニア・グエイ教会》

　バルセロナ郊外サンタ・コロマ・デ・サルベリョに建てられるはずだった《コロニア・グエイ教会》も地下聖堂の完成を1916年として未完に終わる。この計画の実施の前、10年間かけて逆吊り模型実験が現場で小屋を建てて行われた、という。

上：サンタ・コロマ・デ・セルベリョ集落の遠望。
下：周辺の松林から見るコロニア・グエイ地下聖堂。

グエイのバポール・ベイ（古い水蒸気）という名称の繊維工場に従事する労働者住宅地の、工場や、住宅、市場、学校や厚生諸施設はF.バランゲーやJ.ルビオといったチームの建築家たちが担当しており、主だった部分の工事の進捗によって、施主側は精神的、宗教的なこの教会に関して、性急な工期の進展をガウディに求めなかったとしても、普通では考えられない年月と言える。4、50代の円熟期に至る建築家の制作態度の深まりと、施主であるE.グエイの度量の大きさが際立っている。

　このことの意味を問い直すことは、ガウ

コロニア・グエイ地下聖堂玄関ポルティコ。

ディの制作態度に関する解釈に資するものがあるだろう。筆者の留学時、お世話になったガウディ友の会の秘書であったE.カサネリェス夫人のお宅であったと思う。部厚な資料を見せて頂いたことを記憶している。それは《コロニア・グエイ教会》の構造に関わる荷重の拾いと各部に架かる応力と言った計算式も含めた貴重なメモ資料であった。それらを複写させて頂いたが、この模型のための膨大な作業量が覗われた。この模型の成立は、カタルーニャの地盤が岩盤上にある安定しているという条件のもとにある。つまり、圧縮力を引張力に変えうる発想ができた。荷重拾い等は、F.バランゲーが担当したようだ。模型制作は技師のビジャルビアスが担当する。彼は《サグラダ・ファミリア》の前述した装飾彫刻の金属モデルの制作者でもあった。これらが周辺の事情の紹介である。

逆吊り模型は実現される建築の縮尺10分の1の模型である。ヴォールト、アーチ、リブや、荷重を受ける壁などの建築構成諸要素に作用する荷重を予め設定し、各部位に働く応力に見合う散弾入りの小袋を適切な位置に麻紐で吊り下げた懸垂多角形の網状組織だった。この形態を上下逆にすることでアーチやリブや壁の傾きを得ると同時に、構造的必要性に基づいて建物全体の形態、建築構成諸要素の形態が決定された。

コロニア・グエイ教会のヴィジョン。ガウディが逆吊り模型写真にグァッシュで描いた。

左：コロニア・グエイ教会逆吊り模型写真。
右：コロニア・グエイ教会内部のエスキス。

　約4.5メートルに達するこの模型のために、後に教会の聖具室に当てられた場所に小屋が作られたという。小屋の固定された板（教会の床にあたる）に、数多くのクリップが捻じ込まれた。そこから先端に荷重に見合う散弾の入った小袋を取り付けた数百もの麻紐が下がり、模型の外側と内側が明確に区別された全体の形が作られた。ガウディは完全な形態を得るために、これら多くのひもの内側に薄い一連の紙を張った。そうすることで、これらの紐は教会の内外の造形を描き出したのである。
　「1本の指で軽く押しただけで、この巨大なクモの巣全体が揺れ動いた」とJ.バセゴダが報告している。1本の麻紐、すなわち1本の柱やアーチやリブなどの位置の修正は、模型全部材の変更を意味した。模型はそれほど精密で、精巧だった。特に内側の部材の変更は、外側全体の再制作を意味した。
　こうしたエスキス過程の壮絶極まるとしかいいようのない現実は、建築家に対して構造的手法を強調するといった、恣意的な試みを許しようもなかった。
　つまり、芸術に関する彼の概念は次の通りであったからである。「芸術は美であり、美は真実の輝きである。真実なしには美は存在しないであろう。真実を把握するには、事物を本質的に研究しなければならない。美について言えばそれは生命であり、運動によって人間の形態の中に現れる」。真実なしに美は

存在しないのであり、建築の形態そのものが力線の流れそのものでなければならなかった。内部の形態が、即、外部の形態でもあるということである。ガウディの建築家としての勁い理念における1行が、彼を逆吊り模型の緻密な研究へと駆動させたものだろう。それは《サグラダ・ファミリア》の装飾彫刻の制作に臨む態度と同質のものであった。それゆえ、この力学的合理性の徹底的な探求を通して求められたものは、単に骨組みの安定性や構造的形態の決定に留まるものでは勿論ない。ガウディの生き方に関わる建築家としての「道」とも言える、所から発している。

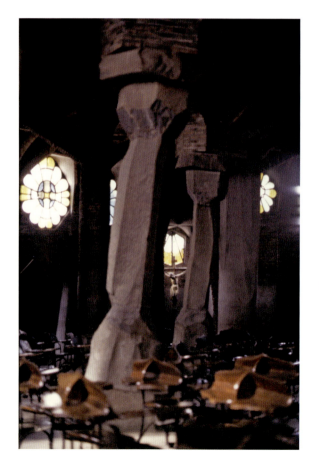

コロニア・グエイ地下聖堂内部。中央祭壇部を囲む玄武岩柱をとおして、壁に穿たれた花びらの形をした開口部を見る。

それはガウディの宗教的・芸術的ヴィジョンを著したR・ドゥシャルネが述べるように、ガウディが力学研究を通して追求したものは「精神的な諸々の力線の奔流に貫かれた深淵で神秘的な真の建築というものの直感的把握と発見なのであり、骨格すなわち精神的表現それ自身」であったのであり、ガウディの芸術の概念の、生命の総合のヴィジョンの具現化であった。それほどまでに「芸術は美であり、美は真実の輝きである。真実なしには美は存在しないであろう。」の1行への思いの頸さを感じざるを得ない。

◆ 7《サグラダ・ファミリア贖罪聖堂》の受難のファサードの表現について

《サグラダ・ファミリア》の誕生のファサードの使徒バルナベの鐘塔を終えて、そのことを祝う催しを控えた前日に、1926年6月10日にガウディは交通事故で亡くなる。主を失った直後の聖堂の深閑とした現場の雰囲気を日本の建築家である今井兼次が伝えている。同郷の建築家である

D. スグラニェスとP. キンタナが後継として仕事を引き継いでいる。その後は《サグラダ・ファミリア》の現場をガウディの話を聞くために訪れていたB. ガリやP. ブアダが引き受けて行く。現在は、ガリの子息であるA. ブネットが主任建築家として栄光のファサードの工事を預かっている。

スペイン内戦でガウディが後継者に残した聖堂の石膏模型が破壊された。壊された石膏の砕片を拾い集めて再建した後に、現在へと至る工事が進展して行くことになる。誕生のファサードに次いで、イエズス・キリストが磔刑に処されるテーマを主題とする受難のファサードの建設が始められた。

上：サグラダ・ファミリア贖罪聖堂鐘塔を内部側から見上げる。
下：サグラダ・ファミリア鐘塔の頂部。司教の杖と司教冠。

自分の生きている間に聖堂の完成はないということを、中世期に始められたケルン大聖堂はいまだに工事は続けられているという比喩で語った。同時に、後の時代の人々がその時代に合わせて自らの考え方の中で変更されていくことも付け加えて語っている。受難のファサードの主任彫刻家はJ.M. スビラックスであった。キリストの磔刑の群像を始めとする彫刻群は、スビラックスの想念のもとに、肉体を削ぎ落とされたような彼の作風で一貫して制作された。誕生のファサードの装飾彫刻とは全く相違する個人的表現である。

ガウディは受難のファサードにおいて、克明な陰影に富むドローイングを描いている。それは徹底した線織面の駆使による、双曲放物面が主体の幾何学的二次曲面による引きつった造

形である。ブアダは葡萄の根の表現であると、伝えている。祭壇塀を支える斜めに傾けられた柱は支点間から相互に引っ張られたように筋張って見える。

　ガウディは次のように語った。「ある人々には、この受難のファサードは全体に突飛なように思えるかもしれない。しかし、私は畏れを与えたいのだ。そのために、光の明暗法、凹凸のモチーフ、最大の悲愴効果を生み出すすべての方法を節約しないだろう。それ以上に、建築自身を犠牲にしてもよいと思っている。アーチを破断し、列柱を削ぎ落とし、犠牲の血腥さの想念を与えるために。」キリスト受難の意味の総合に向けて「建築自身」を犠牲にしても、「建築自身」がその主題をになって大地に根を下ろすのだ。前述の「芸術は美であり、美は真実の輝きである。真実なしには美は存在しないであろう。」この1行に向けて、この聖堂の装飾彫刻、そして《コロニア・グエイ教会》における逆吊り模型の制作を考えるとき、「建築自身を犠牲にしてもよいと思っている。アーチを破断し、列柱を削ぎ落とし、」ということの思想の感覚をどのように捉えればよいのだろう。《サグラダ・ファミリア》を貫く構造と形態

サグラダ・ファミリア贖罪聖堂受難のファサードのガウディ自身によるドローイング。

の一致という建築の方法を超えた、それ以上に建築家であり、1人の市井人でもある信仰者ガウディの「道」において、宗教的ヴィジョンの力強い表現の総合となってここに表出されたのだ、と考えたい。

　このような意味からも《サグラダ・ファミリア》は彼の建築理念が総合化されたものである。同時に、その生涯のすべてが全力投入された作品でもあった、と言える。このことを忘れてならないだろう。

サグラダ・ファミリア贖罪聖堂のガウディが残した完成イメージのドローイング。

著者紹介

入江正之（いりえ・まさゆき）

1946年、熊本市生まれ。建築家。早稲田大学理工学術院教授。工学博士。
1969年、早稲田大学理工学部建築学科卒業。
1972年、早稲田大学大学院理工学研究科建築学専攻修士課程修了。
1972〜87年、早稲田大学池原義郎研究室個人助手。
1977〜78年、スペイン政府給費生としてバルセロナ建築大学ガウディ講座留学。
1987〜95年、室蘭工業大学助教授。
1995年〜現在、早稲田大学教授。
1990年、「アントニオ・ガウディ・イ・コルネットに関する一連の研究」で日本建築学会賞受賞。
2005年、《行燈旅館》で日本建築学会作品選奨受賞。
2008年、《実験装置masia2008》で第22回村野藤吾賞受賞。

著書に『アントニオ・ガウディ論』、『ガウディの言葉』、『新建築学体系6 建築造形論』、『図説 ガウディ——地中海が生んだ天才建築家』、『もっと知りたいガウディ——生涯と作品』等、訳書に『ガウディ——芸術的、宗教的ヴィジョン』、『ガウディの作品——芸術と建築』等多数。

建築作品に《ナトゥーラの眼・こだま幼稚園》、《実験装置masia2008》、《行燈旅館》、《早稲田大学喜久井町キャンパス研究棟群》、《明善寺》、《メディカルコートあやめ池》、《中野の集合住宅——幹線道路沿いの白い空隙》、《桜新町の家》等多数。

早稲田大学理工研叢書シリーズ No. 29

カタルーニャ建築探訪
ガウディと同時代の建築家たち

2017年3月21日　初版第1刷発行

著者　　入江正之
発行者　島田陽一
発行所　株式会社 早稲田大学出版部
　　　　〒169-0051
　　　　東京都新宿区西早稲田1-9-12
　　　　TEL 03-3203-1551
　　　　http://www.waseda-up.co.jp
デザイン　米谷 豪（orange_noiz）
印刷製本　シナノ印刷株式会社

©Masayuki Irie 2017 Printed in Japan
ISBN978-4-657-17001-9